Nat feron.

AF861193

Retrouvez :
- nos prochaines parutions,
- les résumés de tous les ouvrages du catalogue,
- le blog avec les interviews des auteurs,
- et les événements à ne pas rater.

Votre avis nous intéresse : dialoguez avec nos auteurs et nos éditeurs. Tout cela et plus encore sur Internet à :

www.leduc-s.com

Titre de l'édition anglaise : Coping with Anxiety and Depression
First published in Great Britain in 1989 by Sheldon Press
36 Causton Street
London SW1P 4ST

Traduction de l'anglais par Catherine Sobecki

33, rue Linné
75005 Paris – France
E-mail : **info@leduc-editions.com**
ISBN : 978-2-84899-260-0

Achevé d'imprimer en octobre 2008 par la Nouvelle Imprimerie Laballery – 58500 Clamecy
Dépôt légal : octobre 2008 – Numéro d'impression : 809218 – *Imprimé en France*

SHIRLEY TRICKETT

COMMENT SE DÉBARRASSER DE L'ANXIÉTÉ ET DE LA DÉPRESSION

LEDUC.S
EDITIONS

Mise en garde

Les informations fournies dans cet ouvrage de référence ne remplacent en aucun cas les conseils ou le traitement d'un médecin traitant. Elles vous aideront simplement à faire des choix éclairés.

Parce que chaque individu est unique, il appartient au médecin d'effectuer un diagnostic et de superviser les traitements pour chaque problème de santé. Si un individu suivi par un médecin reçoit des conseils contraires aux informations fournies dans cet ouvrage de référence, les conseils du médecin devront être respectés, car ils se basent sur les caractéristiques uniques de cet individu.

Sommaire

Préface

Lorsque j'ai rencontré Shirley Trickett, j'étais étudiant en médecine. On nous enseignait alors que les tranquillisants sont efficaces, dépourvus d'effets indésirables et de risques de dépendance. Bien évidemment, j'en étais, comme tout bon étudiant, convaincu. Lorsque Shirley m'a dit qu'elle était convaincue que ces médicaments entraînaient de l'accoutumance, j'ai réagi avec scepticisme et lui ai répondu poliment que le milieu médical l'écouterait si elle avançait des preuves irréfutables de ce qu'elle avançait. Loin de se décourager devant l'indifférence des médecins et l'arrogance des étudiants, elle s'est mise à réunir des preuves tout en continuant à aider les autres à régler leur mal-être autrement qu'avec des médicaments. Elle a été le véritable moteur d'une campagne d'information qui a alerté le corps médical sur les dangers des tranquillisants. Au fil des années, elle a acquis une grande compétence dans la gestion de l'anxiété, ce qui est également à porter à son crédit.

Bien plus tard, une nouvelle génération d'étudiants apprend que les tranquillisants sont loin d'être anodins, rendent dépendants et sont inefficaces pour traiter l'anxiété. La conviction de Shirley, autrefois « hérétique », est devenue une vérité médicale. Son premier livre, *Coming off Tranquillizers and Sleeping Pills* (« En finir avec les tranquillisants et les somnifères »), est devenu incontournable pour quiconque essaie de s'en sortir sans médicament, ainsi que pour des praticiens qui, comme moi, sont confrontés à cette problématique dans leur pratique. J'en recommande la lecture à mes patients qui m'interrogent sur l'addiction aux tranquillisants. Leur réaction est généralement la suivante : « C'est incroyable, Docteur. J'aurais pu écrire la même chose. C'est *exactement* ce que je ressens. »

À présent que les tranquillisants sont tombés de leur piédestal et que le corps médical essaye de réparer les dégâts commis par leurs prescriptions, sans discernement, durant vingt ans, nous nous retrouvons avec bien peu d'alternatives à proposer à nos patients qui souffrent d'anxiété ou de légère dépression. Heureusement, tandis que nous proposions des remèdes chimiques à des problèmes émotionnels et que nous encouragions nos patients à y croire, Shirley a cherché d'autres manières pour traiter ces troubles. Cette connaissance, péniblement acquise, se fraye aujourd'hui un chemin dans la pratique psychiatrique. Plus important encore, nous sommes entrés dans une ère où les gens s'intéressent davantage à leur bien-être psychologique et sont souvent volontaires pour trouver la solution à leurs souffrances par leurs propres moyens, seuls ou au sein d'un groupe de soutien.

Ce livre, clair et lucide, aborde la délicate question de l'anxiété et de la dépression avec une compassion qui est le fruit d'une expérience acquise sur le terrain et avec une compétence qui résulte d'une réceptivité à des idées nouvelles, dont le corps médical ferait bien de s'inspirer. J'ai l'intime conviction que ce livre apportera de l'espoir à tous ceux que ces maladies ont plongé dans la détresse et sera, en outre, un excellent guide pratique pour les professionnels de la santé qui travaillent dans ce domaine.

Dr Joe W. McDonald, psychiatre.

I

Comprendre l'anxiété et la dépression

1

L'anxiété, la dépression et nous dans notre globalité

Depuis la publication de mon livre qui donnait des conseils pour en finir avec les tranquillisants et les somnifères, j'ai reçu de nombreuses propositions me demandant d'écrire un autre ouvrage sur l'anxiété et la dépression. Les systèmes de santé prennent généralement en charge les personnes souffrant de troubles psychiatriques graves, mais ils ne proposent presque rien en cas de forme légère ou modérée d'anxiété ou de dépression. Certes, ces deux affections sont décrites comme « moins préoccupantes » mais, pourtant, la souffrance éprouvée est rarement « légère » ou « modérée ». Les symptômes, souvent aigus, durent dans le temps et sont… effrayants. C'est pourquoi j'espère de tout cœur que cet ouvrage aidera ceux et celles qui ne savent plus à quel saint se vouer en leur redonnant de l'espoir.

Trop souvent, l'approche conventionnelle échoue, car seule une partie de la personne en souffrance est prise en compte – alors qu'il faut impliquer le corps *et* l'esprit pour obtenir la guérison. Se focaliser sur une seule facette d'un problème reviendrait, par exemple, à peindre encore et encore un seul et même côté de votre portail. Cette partie brillerait peut-être de mille feux, mais cela n'empêcherait pas la rouille de fragiliser, peu à peu, toute la structure.

De plus en plus spécialisée et pointue, la médecine actuelle « oublie » trop souvent le b.a.-ba de l'enseignement traditionnel : considérer la personne qui consulte dans sa globalité. Une telle attitude est bien dommageable, car certains thérapeutes sont aveugles à ce qui ne relève pas de leur discipline. Prenons le cas de Marie, qui voit régulièrement un psychiatre. Elle reconnaît qu'il l'aide, mais sait aussi qu'elle progresserait plus vite s'il daignait ouvrir les yeux et prendre conscience de ses besoins physiques (son corps est trop maigre et couvert d'herpès). Il ne voit que sa névrose, et rien d'autre. Malheureusement, cela vaut pour n'importe quel domaine de la médecine. Autre exemple : Jean qui ne se remet pas de la mort de sa femme. Une infirmière vient refaire son pansement à la jambe et lui donne des antibiotiques. Elle est si concentrée à sa tâche qu'elle ne remarque même pas sa douleur. Quant à Richard, s'occupe-t-on vraiment de ses besoins ? Les tranquillisants sont sans effet sur sa phobie de la mort. En fait, il aurait besoin qu'on lui insuffle de l'espoir *et* qu'on l'aide à prendre conscience des effets dévastateurs du stress qu'il subit au quotidien.

Cet ouvrage ne dissocie pas le corps de l'esprit lorsqu'il parle de souffrance physique, de confusion mentale et d'état permanent de fatigue. L'objectif est d'expliquer, d'une manière simple, les principales causes de l'anxiété et de la dépression afin d'aider à identifier, à la lumière des symptômes, s'il s'agit d'anxiété, de dépression ou d'un mélange des deux.

Ce livre insiste également sur l'importance d'apprendre à s'accepter, à s'aimer et à prendre conscience qu'il n'y a aucune honte à « avoir les nerfs fragiles », ni aucun reproche à se faire. Personne n'est à l'abri. Le système nerveux n'est pas une entité à part, dissociée du reste du corps. Il ne fait qu'un avec les os, les muscles, la peau, etc. Si vous subissez un stress important, qu'il soit physique ou psychologique, le risque d'être déprimé ou simplement d'avoir un coup de blues passager augmente. C'est aussi simple que cela.

La première partie traite des causes de l'anxiété et de la dépression, et de leurs traitements, médicamenteux ou autres. La seconde partie apprend à se prendre en main et à travailler *avec* son corps et non contre lui en se faisant aider, si besoin, par un thérapeute. Ces deux attitudes ne sont pas contradictoires. Du reste, de nombreux médecins incitent leurs patients à chercher des informations et à être pleinement acteurs de leurs santés, physique et mentale.

Divers termes recouvrent la notion de troubles nerveux (troubles affectifs, anxiété, dépression, troubles de l'humeur, névrose, abattement, mélancolie, neurasthénie, etc.), mais il s'agit souvent d'un problème de « nerfs fragiles » dont on peut guérir si l'on s'en donne vraiment la peine.

Si vous souffrez d'un trouble nerveux, même depuis longtemps, vous pouvez retrouver la sérénité et la joie de vivre. S'il existait un remède miracle pour vous guérir du jour au lendemain, je vous le donnerais, bien sûr. Mais ce n'est pas le cas. Vous devez accepter l'idée que la guérison prendra le temps nécessaire et qu'il y aura des hauts et des bas. Mais petit à petit, vous retrouverez le sourire et l'énergie que vous aviez.

Les symptômes décrits dans les pages qui suivent vous sembleront peut-être familiers et peu importants. Pourtant, tout symptôme qui traîne en longueur doit être signalé à votre médecin traitant si ce n'est déjà fait. S'il ne s'agit pas d'un problème neurologique (anomalies ou lésions du tissu nerveux) et que vous ne souffrez d'aucune maladie psychiatrique majeure (autisme, schizophrénie, par exemple), alors vous pouvez transformer votre vie sans médicament, en apprenant à surmonter votre handicap.

2
Qu'est-ce que l'anxiété et la dépression ?

Qu'est-ce qu'une bonne santé physique et mentale ?

Être en bonne santé ne se résume pas à une absence de symptômes mais, également, au bien-être physique, à la confiance en soi, à la capacité de s'adapter au changement ainsi qu'au sens des responsabilités envers soi-même. Autrement dit, on a une bonne perception de ses actes et de ses émotions, ce qui permet de cultiver la conscience de sa propre valeur, qui n'a que faire de la « bonne opinion » des autres.

L'anxiété et la dépression sont deux affections pouvant survenir séparément ou ensemble. Les manifestations sont variables, allant d'une légère tension ou d'un « coup de cafard » à l'impossibilité pure et simple de mener une vie normale.

Qu'est-ce que l'anxiété ?

Le terme anxiété vient du latin *anxietas*, « disposition habituelle à l'inquiétude », lui-même dérivé du verbe *angere*, « serrer, étrangler ». L'anxiété est une réaction *normale* à la vie en société, qui existe depuis la nuit des temps. Il est impossible d'y échapper puisqu'elle apparaît dès le traumatisme de la naissance.

Rêvons un instant

Si nous étions conçus avec amour, dans un environnement serein, et que nous nous développions, douillettement lovés dans le ventre d'une mère heureuse et bien nourrie, ce serait un bon début dans la vie. Si, en outre, nous pouvions glisser sans peine hors du canal pelvi-génital et arriver dans un monde bienveillant, sans lumière aveuglante ni bruit agressant nos sens, en étant accueillis avec douceur dans une eau tiède, ce serait un autre pas dans la bonne direction.

Si, enfin, on nous disait : « Tu seras aimé d'un amour qui respectera ta liberté, élevé sans rudesse et, après de longues années de bonheur et d'une vie bien remplie, tu quitteras ce monde aussi paisiblement que tu y es entré », *alors l'anxiété ne serait pas normale.*

Il est inévitable d'éprouver un *certain* degré d'anxiété. Le but n'est pas de combattre en permanence la peur, mais de vivre heureux en apprenant comment l'atténuer pour ne pas perturber le quotidien. Si vous avez honte d'être anxieux, peut-être alors avez-vous également honte d'être un être humain et d'avoir un corps ? Notre expérience du monde passe, en effet, par notre corps.

Un mal nécessaire ?

Lorsque nous avons peur, des modifications chimiques surviennent dans notre organisme. Le surcroît d'énergie qui en résulte permet de réagir au danger ou au stress (fuir ou lutter) — par exemple courir pour échapper à un taureau qui charge ou veiller tard en vue d'examens. La souffrance psychique survient lorsque nous sommes incapables de revenir à un état plus paisible, une fois cette énergie supplémentaire devenue inutile. Tel un moteur de voiture qui tournerait vingt-quatre heures sur vingt-quatre alors qu'il n'a besoin de fonctionner que pour deux courts trajets par jour, brûlant inutilement de l'essence, notre organisme gaspille son énergie, notre système nerveux s'épuise et nous risquons alors de tomber malade.

Qu'est-ce que la dépression ?

La dépression est une maladie des sentiments, du ressenti, dont le degré peut varier beaucoup d'une personne à l'autre. Elle peut aller d'une tristesse inhabituelle, mais ponctuelle, à un désespoir absolu marqué par un sentiment d'impuissance et un abattement extrêmes. Lors d'une dépression sévère, même les fonctions du corps sont affectées.

Un besoin ?

En cas d'anxiété, l'activité du corps et de l'esprit est *accélérée*. Lors d'une dépression, elle est *ralentie*. La dépression survient souvent après l'anxiété. Elle nous oblige à nous reposer, ce qui est peut-être sa fonction. Ce ralentissement est parfois bénéfique, mais s'il dure trop longtemps, il faut réagir.

Vous comprendrez mieux comment l'on devient anxieux ou dépressif lorsque vous saurez comment fonctionne le système nerveux. C'est ce que nous allons voir au chapitre suivant.

3

Comprendre le système nerveux

Le système nerveux est comparable au réseau de télécommunication qui met en relation les différentes parties du corps. Pour poursuivre la métaphore, le cerveau est le central téléphonique (le donneur d'ordres en quelque sorte), la moelle épinière est le câble principal et les nerfs, les lignes téléphoniques porteuses de messages. Le cerveau et la moelle épinière forment le système nerveux central et les nerfs, répartis dans tout le corps, le système nerveux périphérique. Ce dernier se sous-divise en *système nerveux somatique* et *système nerveux autonome.*

Le système nerveux somatique

Le système nerveux somatique permet le contrôle volontaire, conscient, des mouvements et la perception des sensations au niveau de la peau, des muscles, des os et des articulations. Il est régi par la *volonté*. Par exemple, si vous voulez prendre un stylo, il vous suffit de tendre la main. Ce système fonctionne parfaitement sauf en cas de forte peur, qui paralyse, ou de trouble neurologique.

Le système nerveux autonome ou végétatif

Le système nerveux autonome contrôle tous les mouvements involontaires des organes internes, des vaisseaux sanguins, etc. Il est régi par les *émotions*. Par exemple, la tension artérielle augmente sous le coup de la colère, l'estomac se noue quand on a peur, etc. Le système nerveux autonome est lui-même divisé en système *sympathique*, à l'effet stimulant, et système *parasympathique*, dont l'effet est, à l'inverse, apaisant. Lorsque votre système nerveux parasympathique ne fonctionne pas correctement, vous devenez hyperanxieux.

Le *système nerveux sympathique* peut être comparé à quelqu'un roulant à toute vitesse en Ferrari, le pied sur l'accélérateur. Le *système nerveux parasympathique* est, lui, comparable à quelqu'un qui conduirait tout doucement une 2 CV. Tous les organes internes possèdent deux types de nerfs, ceux qui stimulent et ceux qui calment.

Le système nerveux sympathique – Toujours plus vite !

Imaginez un sapeur-pompier voulant éteindre un incendie. Son système nerveux éprouve de la « sympathie » envers ses émotions et prépare l'organisme à lutter pour sa survie. Il réagit ainsi parce que l'homme *contracte* ses muscles. L'organisme produit une substance chimique appelée *adrénaline*. Sous l'effet de cette hormone, la tension artérielle augmente, le rythme cardiaque s'accélère, la respiration devient plus rapide (l'effort demande un surcroît d'oxygène) et le corps se met à transpirer (pour se refroidir). Aide supplémentaire, le sang est détourné de l'abdomen vers les jambes afin que l'homme puisse courir plus vite. (C'est la raison pour laquelle on a l'impression d'avoir l'estomac noué quand on a peur.) L'apport de sang étant moindre vers les organes digestifs, l'homme ne pense ni à manger ni à aller aux toilettes. Par conséquent, lorsque son système nerveux sympathique est en action, *ses niveaux d'adrénaline et d'anxiété* sont élevés.

L'organisme de ce sapeur-pompier se comporte donc d'une manière très similaire à celle d'une personne angoissée, à la respiration et au pouls rapides. La différence, c'est que l'homme utilise son anxiété *de manière positive*, car *il existe* une bonne raison de s'inquiéter. S'il avait été paralysé par la peur et n'avait pas pu utiliser ce supplément d'adrénaline, il aurait été si tendu qu'il aurait vomi et vidé sa vessie et ses intestins. Il s'agit probablement d'un mécanisme primitif conçu pour rendre le corps plus léger et, par conséquent, apte à courir plus vite.

Comment ce sapeur-pompier retrouve-t-il un niveau d'adrénaline normal ? Lorsque l'incendie est maîtrisé, le danger a disparu. Le sapeur-pompier retourne alors en camion à la caserne. *Lorsqu'il relâche ses muscles contractés,* plusieurs substances chimiques sont produites pour aboutir à l'effet inverse de l'adrénaline. Le système nerveux parasympathique est entré en jeu. La tension artérielle diminue, le rythme cardiaque et la respiration ralentissent, l'homme cesse de transpirer et le sang afflue des bras et des jambes vers l'abdomen. Il réalise alors qu'il a faim et pense alors à manger. Il prend également conscience qu'il doit aller aux toilettes. Son corps et ses muscles sont détendus. *Ses niveaux d'adrénaline et d'anxiété sont bas.*

Cet exemple permet de comprendre pourquoi on s'épuise nerveusement. Des stress à répétition, conscients ou inconscients (même faibles), mettent notre corps sur le qui-vive. Un peu comme un sapeur-pompier qui se précipiterait avec des seaux d'eau bien après que le feu a été maîtrisé. Il veut ralentir, mais il n'y parvient pas. Son niveau d'adrénaline, et par conséquent d'anxiété, demeure trop élevé.

Vous est-il jamais arrivé d'être tendu au point de continuer sur votre lancée alors que vous êtes complètement épuisé et que ce n'est plus nécessaire ? Le chapitre suivant vous expliquera comment ralentir le rythme pour sortir de cet engrenage.

4

Comment sortir de l'engrenage ?

S'aider du système nerveux parasympathique

Puisque le système nerveux parasympathique – qui vise à apaiser l'organisme – réagit aux émotions, il serait censé de dire : « Je n'ai aucune raison d'avoir peur. Calme-toi et cesse de produire autant d'adrénaline, je n'en ai pas besoin. » Malheureusement, un cerveau imbibé d'adrénaline est incapable d'entendre la raison. Il obéit aux messagers chimiques qui l'incitent à accélérer le rythme. La première chose à faire est d'utiliser le corps pour se calmer. Vous pouvez parvenir, à force d'entraînement, à obtenir de votre corps qu'il obéisse à vos ordres dans n'importe quelle situation. L'autopersuasion est très utile sur le long terme, mais bien peu quand vous êtes en train de paniquer. Vous devez faire *mécaniquement* ce que votre système parasympathique (celui qui ralentit l'organisme) devrait faire *automatiquement*. C'est un peu comme de faire démarrer à la manivelle une voiture lorsque l'allumage est en panne. Votre capacité à vous détendre a besoin d'un contrôle technique.

Rappelez-vous ce qui permet au sapeur-pompier de se détendre

Si les muscles se relâchent, alors la réaction en chaîne qui aboutit à la détente de l'organisme est enclenchée. Vous ne serez peut-être pas capable de le faire de manière consciente parce que vous êtes trop tendu, mais, en ralentissant votre respiration, vous diminuerez la quantité d'oxygène qui arrive au cerveau et conduirait votre système sympathique à prendre le dessus. C'est ce que nous verrons plus tard en détail.

Je voudrais aller mieux, tout de suite !

Certaines personnes anxieuses ne supportent pas quand on leur suggère qu'elles peuvent entraîner leur corps pour qu'il cesse d'être toujours « en état d'alerte maximale ». Elles veulent une solution immédiate à leurs crises d'angoisse, un comprimé ou une injection. Elles semblent souvent irritées lorsqu'on leur suggère que leur corps est responsable de leurs émotions. Elles préfèrent croire que leurs troubles viennent de « nulle part » et n'ont rien à voir avec eux.

Le fait est, et cela relève de l'inconscient, qu'elles n'arrivent pas à comprendre que leurs symptômes résultent de leur système nerveux affaibli par le stress à répétition, à cause de leur situation actuelle mais, également, d'une souffrance refoulée. (La douleur dont je parle dans ce livre est toujours d'ordre psychique : tristesse, rancœur, colère, frustration, solitude, etc., sauf si je précise qu'il s'agit d'une douleur physique.)

Par chance, la plupart des gens sont prêts à apprendre à utiliser leur corps pour retrouver la paix de l'esprit. Leur confiance croît lorsqu'ils sentent les premiers résultats. Au début, même si tous leurs problèmes n'ont pas disparu pour autant, ils prennent conscience que leur corps réagit désormais différemment, et c'est bon signe.

L'effort en vaut la chandelle

Allez-vous accepter de vous laisser tyranniser par votre inconscient qui s'amuse à accroître vos tensions et votre stress ou avez-vous plutôt envie d'apprendre à mieux gérer vos troubles psychiques en faisant le travail fastidieux qui s'impose pour devenir pleinement acteur de votre vie ?

Les méthodes décrites dans ce livre sont sans danger, bon marché et efficaces. Elles demandent néanmoins du temps et de la patience ! Certaines personnes ont dit qu'elles avaient l'impression de faire preuve d'égocentrisme en s'écoutant sans cesse. Mais elles agissent en fait dans leur intérêt, un intérêt utilisé à bon escient pour parvenir à leurs fins. Mieux vaut être absorbé par *la recherche d'une solution* que par les symptômes. Du reste, les personnes anxieuses ou dépressives sont les premières à admettre qu'elles sont constamment préoccupées par leurs symptômes.

5

Les troubles psychologiques

Les symptômes révélateurs d'un trouble psychologique

- Sensation permanente de fatigue
- Désintérêt pour tout
- Crises de panique
- Irritabilité
- Manque de concentration
- Besoin d'attirer l'attention
- Hyperactivité
- Élocution rapide
- Pensées incessantes
- Boulimie
- Paranoïa
- Phobies
- Impression qu'un drame est imminent
- Idées suicidaires
- Agitation
- Pleurs faciles
- Besoins compulsifs
- Obsessions
- Difficultés d'érection

- Baisse voire perte de libido
- Gorge nouée ou poitrine oppressée
- Tremblements
- Étourdissements
- Diarrhées
- Flatulences
- Insomnie
- Difficultés à respirer
- Palpitations
- Sudation excessive
- Difficultés à déglutir
- Perte d'appétit et amaigrissement
- Maux de tête
- Acouphènes *(bourdonnements d'oreille)*
- Douleurs diffuses

Face à une telle liste de symptômes, plusieurs attitudes sont possibles. La plus courante est la suivante : « Cela me fait plaisir de le voir écrit noir sur blanc. Je croyais que c'était dans mon imagination. » La personne à bout de nerfs étant souvent pessimiste, il peut lui arriver de s'exclamer, horrifiée : « Bon sang, tant de symptômes me correspondent. Je fais certainement une dépression. » Pourtant, si elle se disait, à la place : « Je présente plusieurs symptômes de cette liste, il est grand temps que je m'occupe plus de moi », elle aurait déjà fait un grand pas vers la guérison. En effet, ce n'est pas en se fixant sur les symptômes que l'on met toutes les chances de son côté pour s'en sortir.

Est-ce de l'hyperanxiété ?

Tout l'organisme fonctionnant en surrégime, *tout* va à cent à l'heure : mouvements, pensées, élocution ainsi que nombre de fonctions du corps. Cela se traduit par une accélération du rythme cardiaque, de la respiration et de la vitesse de transit des aliments, liquides et solides, dans le système digestif — ce qui explique le besoin d'aller plus souvent aux toilettes.

Face à un tel bouleversement, il n'est pas étonnant que le comportement d'une personne hyperanxieuse change lui aussi. Habitués à une personne aimante et facile à vivre, les proches sont tout à coup confrontés à un être irritable, suspicieux et difficile à supporter. Néanmoins, n'oubliez jamais que ces personnes *n'ont pas choisi* ce comportement et sont souvent déconcertées et effrayées par leurs accès de colère, leurs idées noires et les actes irréfléchis qu'elles font subir à ceux qu'elles aiment.

Dans ce chapitre, nous passerons en revue quelques-uns des symptômes les plus éprouvants ainsi que leurs causes.

L'impression qu'un drame est imminent

Lorsque l'on est hyperanxieux, l'angoisse est, bien sûr, difficile à vivre mais, le pire, c'est la conviction qu'une catastrophe est imminente. Si vous allez bien et que, par exemple, votre mari devrait être rentré du travail depuis cinq minutes, vous pensez qu'il a été pris dans un bouchon. Si vous êtes hyperanxieuse, vous serez persuadée qu'il a eu un grave accident avec un camion. Les phobies liées à la santé sont également très fréquentes. Au moindre trouble anodin, vous ne pouvez vous empêcher de penser qu'il s'agit d'un cancer. Une impression désagréable peut également évoluer en crise de panique aiguë. Ainsi, dans un endroit bondé, une personne équilibrée pensera : « Vivement que je sorte de là. » Dans la même situation, si vous êtes hyperanxieux, vous serez paralysé par la peur et convaincu d'être gravement malade : « Je dois rentrer chez moi. Je vais mourir/tomber malade/perdre le contrôle de la situation. » Les crises de panique et la manière de les affronter seront traitées un peu plus loin.

Les pulsions suicidaires

Il est fréquent, quand on est hyperanxieux, d'avoir des pulsions suicidaires. Elles régressent généralement lorsque l'anxiété diminue, mais il faut ***impérativement*** consulter un médecin si cela vous arrive. N'hésitez pas à le contacter, même si vous savez que vous ne passerez pas à l'acte. Bien des personnes se disent : « J'ai eu d'affreuses pensées suicidaires, mais il était inutile que j'appelle mon médecin, car je savais que je ne passerais pas à l'acte. J'ai tellement honte d'avoir eu de telles idées. J'ai un conjoint et une famille adorables, et je ne vois aucune raison qui expliquerait ce que je ressens. » Les services des renseignements vous donneront le numéro de téléphone de votre médecin si vous êtes trop perturbé pour le trouver par vous-même.

L'agoraphobie

Certaines personnes considèrent les pulsions suicidaires, les crises de panique ou l'agoraphobie (la peur de se trouver dans un lieu public, surtout si l'on est seul) comme une maladie en soi. Il faut souvent déployer beaucoup d'énergie pour les convaincre que, même si c'est probablement le pire aspect de ce qu'elles vivent, il ne s'agit que d'une partie de leur histoire, qui disparaîtra avec l'anxiété. C'est comme si l'on considérait, en cas de bronchite, que la toux *est* la maladie alors qu'elle résulte de l'inflammation des bronches. De la même manière, les crises de panique, l'agoraphobie et les autres problèmes de cet ordre n'existeraient pas si les taux d'anxiété et d'adrénaline étaient normaux.

Les crises de panique

Certaines personnes deviennent nerveuses rien qu'à la lecture d'un texte sur les crises de panique. Mais sachez que les crises sont peut-être tout simplement déclenchées par un manque de sucre dans le sang (hypoglycémie) ou une mauvaise respiration (hyperventilation). Nous traiterons plus amplement ces questions aux chapitres 16 et 17.

Les crises de panique sont caractérisées par des bouffées d'angoisse soudaines, souvent associées à la conviction d'une mort ou d'une catastrophe imminente ou à la peur de devenir fou. Elles s'accompagnent également de sensations physiques désagréables, comme :

- des palpitations ;
- des étourdissements ;
- des nausées ;
- des tremblements ;
- l'impression d'étouffer ;
- un sentiment d'irréalité ;
- le besoin urgent d'aller aux toilettes ;
- des bouffées de chaleur ou, à l'opposé, des frissons ;
- des paresthésies *(sensation d'engourdissement ou de picotement)*.

Une crise de panique dure en moyenne quelques secondes à quelques minutes voire, plus rarement, plusieurs heures. Elle est vécue comme *pire* que le fait de vivre une situation effrayante où le danger est bien réel (et où, ensuite, le soulagement est immédiat, d'autant que l'on sait généralement quoi faire pour éviter que cela ne se reproduise). En revanche, lors d'une crise de panique, la peur provient de ce que l'on éprouve et, plus encore, *de l'incapacité à savoir de quoi il s'agit*. C'est pourquoi ces personnes sont souvent convaincues d'être gravement malades, voire que c'est la fin du monde. La peur de la peur prend le dessus.

Les crises de panique mettent-elles en danger notre santé ?

Les crises de panique ne sont pas dangereuses : dès que vous les avez reconnues pour ce qu'elles sont exactement – une décharge d'adrénaline affreusement désagréable –, elles peuvent être sérieusement atténuées et jugulées. Nous verrons au chapitre 16, p. 125, les méthodes pour en venir à bout.

Quand une crise de panique se déclenche-t-elle ?

Voici trois exemples typiques.

> *Je lisais tranquillement lorsque j'ai été envahi par une sensation horrible : un mélange de peur et de tristesse. C'était la première fois que cela m'arrivait. Il fallait absolument que je bouge. Je me suis retrouvé en train de faire les cent pas dans la pièce. Ma femme a tenté de me rassurer en me disant que ce n'était qu'un coup de fatigue. Cela m'a mis hors de moi. Il s'agissait forcément d'un accident vasculaire cérébral ou d'une crise cardiaque. Je voyais bien que mon comportement l'inquiétait, mais cela m'était indifférent. Quelques minutes plus tard, c'était passé mais, pendant plusieurs jours, j'ai vécu dans la crainte que cela ne revienne. Je me suis senti mieux lorsqu'un ami de ma femme m'a fait lire un article décrivant exactement ce qui m'était arrivé : une personne à bout de nerfs et qui saute un repas court le risque de faire une crise de panique. Or, j'avais travaillé toute la journée avec juste une tasse de café dans le ventre. Nous étions sur le point de passer à table quand cela s'était produit.*

> *La première fois, c'est arrivé alors que je me trouvais au supermarché. J'allais prendre des oranges quand j'ai été submergée par une sensation effroyable : l'impression d'une perte terrible mêlée à la peur d'une catastrophe imminente. Tout semblait irréel. Je me sentais mal, j'avais chaud et mes jambes se dérobaient. La situation m'échappait complètement. J'ai abandonné sur place le caddie et je suis rentrée précipitamment chez moi. En fait, cela n'avait duré que quelques minutes. Quand je repensais aux courses laissées, je me sentais idiote. Les jours suivants furent maussades, puis tout est rentré dans l'ordre. Cela s'est reproduit deux semaines plus tard, à la bibliothèque. Je finis par consulter*

mon médecin parce que j'avais peur de sortir seule. Mon mari devait m'emmener au travail en voiture et je rentrais en taxi. J'ai dit à mes collègues que j'avais mal au dos.

Le docteur m'a dit que j'étais épuisée nerveusement et que je devais prendre deux semaines d'arrêt-maladie. Il me connaissait suffisamment bien pour préciser que je ne devais pas en profiter pour transformer le jardin ou repeindre la maison ! Le stress a toujours fait partie de ma vie, mais j'étais convaincue, jusque-là, d'avoir des nerfs en acier. Je n'étais pas ravie de quitter son cabinet avec un certificat médical, un régime à suivre (j'avais tendance à grignoter) et l'ordre de me reposer et de mener une vie plus paisible. Il m'avait fait peur en me disant que, si je n'en faisais pas moins, je risquais une dépression nerveuse. Moi, une dépression ! Je pensais que c'était réservé aux personnes menues et surexcitées. Je comprends à présent qu'une partie de moi avait peur de ce repos forcé. Je m'activais sans cesse pour éviter de voir ce qu'il y avait au fond de moi. En outre, j'avais peur. Si je ralentissais le rythme, je ne serais peut-être plus capable de reprendre le dessus. Cela me rappela une longue marche que j'avais faite avec mon jeune fils, il y a longtemps. Je lui avais demandé s'il voulait que nous fassions une pause dans l'herbe. Il m'avait répondu : « Surtout pas, maman, je me rendrais compte à quel point je suis fatigué et je serai incapable de me relever. »

Peut-on avoir une crise de panique si l'on n'est pas à bout de nerfs ?

La réponse est oui. Cependant, il y a toujours un problème d'anxiété sous-jacent, actuel ou plus ancien, comme dans cet exemple.

Je devais partir six semaines en Amérique pour mon travail. J'étais très content et je me préparais à ce départ. À l'agence de voyages, j'ai ressenti comme un malaise à la perspective du vol à venir. J'avais envie d'en parler avec quelqu'un, mais je craignais que l'on se moque de moi. Quand on est un joueur de rugby de 1,90 m, il est difficile d'avouer à ses amis que l'on a peur de prendre l'avion. J'étais sûr que, le jour du départ, tout irait bien et j'ai cessé d'y penser. Deux semaines avant le vol, je me suis réveillé au beau milieu de la nuit terrorisé, le cœur qui battait la chamade. Je ne comprenais pas ce qui m'arrivait. Convaincu d'avoir attrapé un virus particulièrement sournois, j'ai appelé mon médecin. Il s'est montré très gentil et m'a dit qu'il me sentait bouleversé mais que, d'un point de vue physique, il ne voyait rien d'anormal. Il m'a demandé de passer le voir le lendemain, dans son cabinet. Il m'a expliqué que ma crise de panique s'expliquait par la crainte du vol que j'avais refoulée dans mon inconscient. Il avait, me dit-il, de nombreux patients qui sont paniqués avant de prendre l'avion. Je n'étais pas convaincu, mais je pris les deux comprimés qu'il me donna pour les vols à venir. Comme j'ai ressenti la même chose, mais en moins fort, alors que je faisais la queue pour l'enregistrement de ma valise, je me suis dit qu'il avait probablement vu juste. J'étais soulagé d'avaler un des comprimés. Le vol s'est bien passé. Au retour, je n'ai pas eu besoin du comprimé et je n'ai plus jamais fait de crise de panique.

Les obsessions

Il s'agit de pensées ou d'images obsédantes que la personne en souffrance est incapable de chasser de son esprit alors qu'elle reconnaît qu'elles sont désagréables, vaines ou ridicules.

Les obsessions légères sont fréquentes, même chez une personne équilibrée. Ce peut être un bout de chanson ou de conversation qui trotte dans notre tête ou une idée farfelue, du style : « Si je veux réussir mon examen, je dois porter des chaussettes rayées jaune et vert. »

On parle de *névrose obsessionnelle* lorsqu'une idée fixe devient omniprésente et occupe l'esprit à un point tel qu'il devient impossible de mener une vie normale. Il faut alors rechercher l'aide d'un spécialiste. C'est généralement le signe d'une tension nerveuse qui dure depuis un certain temps déjà.

Les troubles obsessionnels compulsifs

Lorsque l'anxiété provoquée par des pensées obsédantes devient sévère, la personne modifie son comportement afin d'essayer de les surmonter. Ce *trouble obsessionnel compulsif* (acte ou fait d'éviter un acte) est irrationnel, pour le sujet comme pour l'entourage. Chez un enfant, une forme légère pourrait être d'éviter de marcher sur les lignes d'un dallage ou de se frapper trois fois le front avant d'entrer en classe. Il est fréquent qu'un enfant adopte ce type de rite, qui constitue probablement un moyen pour lutter contre l'anxiété.

Les actes compulsifs les plus courants

Ce peut être, par exemple, le fait de vérifier trois fois de suite que l'on a bien éteint le gaz ou fermé la porte. Le sujet sait bien qu'il l'a fait mais, dès qu'il s'éloigne, son anxiété augmente et il éprouve le besoin de s'en assurer à nouveau. Parfois, un schéma comportemental se met en place et l'anxiété persiste, même si un rite précis est accompli. La vie quotidienne vire au cauchemar lorsqu'il faut faire sept fois l'aller-retour de la porte à la cuisinière avant de pouvoir sortir ou cinq fois l'aller-retour de la porte au portail pour vérifier qu'on l'a bien fermé.

Se laver les mains, faire le ménage, compter ou ranger sans cesse constituent d'autres rites courants. Lorsque l'anxiété diminue, ces symptômes pénibles s'atténuent. Prenons l'exemple d'une personne « obsédée par les microbes » et qui passe des heures à faire le ménage. Si, en fait, elle n'y consacre qu'une partie de son temps et qu'elle est, par ailleurs, bien dans sa peau, son besoin de tout nettoyer n'a rien d'obsessionnel. En revanche, si elle pense *uniquement* à nettoyer pour détruire les microbes et qu'elle est incapable de mener une vie normale, alors il s'agit probablement d'une névrose obsessionnelle.

Les phobies

Nous avons vu que l'anxiété est un mélange d'émotions que nous percevons lorsque nous nous sentons menacés. La phobie est une peur *intense* déclenchée par une situation ou un objet non inquiétant pour les autres personnes (hormis celles qui souffrent de la même phobie).

On peut développer une phobie à propos de n'importe quelle situation ou objet, animé ou inanimé. Il est plus facile de comprendre les phobies causées par une situation pouvant constituer un danger, comme la foudre, le vide ou le fait de se trouver face à un serpent. La phobie est moins bien acceptée si elle concerne des plumes, un trou dans le sol ou des dés à coudre. « Ne sois pas ridicule ! Comment peut-on avoir peur de ça ? »

Il faut savoir que la peur ressentie est la même, qu'il s'agisse d'un orage violent ou d'une rencontre avec une femme portant un chapeau vert, voire *le fait de penser* à une situation redoutée. Dans tous les cas, cela peut déclencher une crise de panique.

Les phobies les plus courantes

Situations : hauteurs, espaces clos, obscurité, éloignement de chez soi.

Maladies : cancer, problème cardiaque, perte d'un membre.

Animaux : n'importe lequel (même si l'on ne risque pas d'y être confronté) – une simple photo ou une image mentale.

Vie en société : peur de rencontrer des gens, dans le bus, dans un magasin, chez le coiffeur, etc.

N'importe qui, me direz-vous, peut avoir peur de l'un ou l'autre des éléments de cette liste. C'est vrai, mais il ne s'agit pas d'une phobie tant que votre vie n'est pas perturbée par l'évitement de situations qui risquent de déclencher cette peur. Par exemple, on peut craindre les chiens au point d'être incapable de sortir de chez soi.

Est-on malade si l'on a une phobie ?

Si, par exemple, vous avez la phobie des araignées et que quelqu'un vous en pose une sur le bras, vous aurez la peur de votre vie à cause de la réaction en chaîne que cela déclenchera en vous, mais cela ne signifie pas pour autant que vous êtes *malade*. Vous apprendrez un peu plus loin comment aider votre corps à récupérer après un tel événement et empêcher qu'une cause physique, comme la faim, ne déclenche une phobie.

L'agoraphobie

La peur de quitter la sécurité du chez-soi est probablement la phobie la plus fréquente. Cela va d'une crainte légère de se retrouver dehors – pour faire des courses, voyager, etc. – à l'incapacité de sortir, accompagnée d'une anxiété ou d'une dépression sévère.

Traiter la phobie

La thérapie cognitivo-comportementale donne généralement d'excellents résultats. Le sujet est exposé progressivement à la situation qui est, chez lui, anxiogène. Il apprend à affronter sa peur de manière progressive. Par exemple, dans l'agoraphobie, on l'encouragera à aller jusqu'au portail, puis à faire quelques pas au-delà du portail, etc. Ou encore, s'il a la phobie des chats, le thérapeute lui montrera dans un premier temps des photos de chat et l'aidera jusqu'à ce qu'il parvienne à en toucher un sans crainte. Ce traitement marche mieux si, avant de débuter, le sujet comprend ce qui se passe dans son corps : comment une partie de son système nerveux s'accélère (l'homme dans une Ferrari) et comment une autre partie est ralentie (l'homme dans la 2 CV). Il est également vital d'apprendre à se relaxer et à contrôler sa respiration. En effet, des études scientifiques ont montré que, sur le long terme, l'agoraphobie était mieux soignée si le traitement alliait thérapie comportementale et apprentissage de techniques de respiration. Car il ne suffit pas de traiter l'esprit !

On pensait autrefois qu'il était très difficile de traiter ce type de trouble. Désormais, beaucoup plus de personnes sont soignées avec succès depuis le recours à des méthodes de relaxation et la prise de conscience que les tranquillisants ne sont pas toujours la bonne solution chez de nombreux patients. Un thérapeute n'est pas toujours nécessaire. Des groupes d'entraide peuvent s'avérer très efficaces, tout comme le soutien d'un ami ou d'un proche.

L'hyperactivité

À ce stade, la personne a un tel degré de souffrance psychologique qu'elle a constamment besoin de bouger. Ce besoin compulsif est impérieux. Il peut s'avérer bénéfique lorsqu'il est utilisé à bon escient, par exemple pour travailler plus longtemps. Cependant, il peut également s'avérer improductif et entraîner des difficultés à se concentrer. « Je suis incapable de faire une seule chose à la fois. Je suis dans le jardin en train de retirer les mauvaises herbes puis, la minute d'après, je nettoie la baignoire pour, ensuite sortir le chien. » Si l'hyperactivité est difficile pour la personne qui en souffre, elle l'est aussi pour l'entourage. La personne en souffrance déploie tant d'énergie, à cause de la forte tension qu'elle ressent, qu'elle n'est plus capable de se détendre. Ses muscles sont douloureux et elle devrait se reposer, mais son corps s'y oppose. L'hyperactivité s'accompagne de pensées incessantes et d'un besoin compulsif de parler.

Le manque de concentration

Même de très jeunes gens n'arrivent pas à se concentrer sur ce qu'ils lisent ou peinent à suivre des instructions écrites. Ils oublient des rendez-vous et se demandent s'ils ne sont pas en train de perdre la mémoire. Ce qui est le plus souvent lié au fait qu'ils sont trop tendus pour retenir des informations que parce que leur mémoire leur joue des tours. Lorsque la tension nerveuse s'apaise, la concentration revient. Entre-temps, pourquoi ne pas rédiger des pense-bêtes : « J'ai du mal à me concentrer parce que je suis tendu. Que puis-je faire ? » Ou encore : « Si je respire trop fort, j'aurai du mal à me concentrer. »

L'insomnie

Ce symptôme est particulièrement éprouvant. On finit par ne plus pouvoir gérer les soucis quotidiens et l'on sait que ça ira encore plus mal le lendemain. Si ce problème s'éternise, il existe un risque de tomber dans la dépression. Certaines personnes ont du mal à s'endormir, d'autres se réveillent plusieurs fois dans la nuit ou trop tôt le matin. Elles font des rêves étranges, des cauchemars, elles ont la sensation d'être prises de panique, elles ont des flatulences ou besoin d'uriner souvent.

Les causes de l'insomnie

Elles sont nombreuses : soucis, excitation, douleur, démangeaisons, manque d'exercice physique et de plein air, problème respiratoire ou digestif, etc. Un système digestif en bonne santé jouerait un rôle important dans la qualité du sommeil. C'est probablement parce que les bactéries présentes dans les intestins produisent des substances chimiques qui favorisent l'endormissement.

Que puis-je faire si je dors mal ?

Malheureusement, il n'y a pas de solution miracle. Un sommeil perturbé (hormis si la cause est concrète, comme un mal de dents ou un bébé qui pleure) est révélateur d'un mal-être qui, tant qu'il n'est pas réglé, vous empêchera de bien dormir.

Ne restez pas au lit toute la journée. La préparation, pour un bon sommeil, débute dès le matin. Ce serait une erreur de croire que, pour récupérer d'une mauvaise nuit, il suffit de dormir plus. Cela risquerait de perturber le rythme de votre organisme et vous perdriez les plus belles heures de la journée (voir p. 66-67). Au bout du compte, vous vous retrouveriez déphasé. Faites l'effort de vous lever et d'accomplir vos tâches quotidiennes, même si vous devez pour cela vous retrouver, dans un premier temps, avachi devant votre poste de télé à regarder les émissions matinales.

Retrouver le sommeil. Il serait illusoire de croire qu'après une journée survoltée, votre corps sera capable d'inverser la tendance une demi-heure avant le coucher. On pousse alors souvent le cri du cœur suivant : « Avant, il suffisait que je pose la tête sur l'oreiller pour tomber dans les bras de Morphée. Que s'est-il donc passé ? » Quand vous êtes épuisé nerveusement, vos « nerfs » vous mènent la vie si dure et, d'une certaine manière, vous devez aller à *l'encontre* de votre corps.

Insomnie et alimentation

Une alimentation adaptée peut être utile pour favoriser le sommeil. Privilégiez le soir les aliments glucidiques (pain complet, céréales, légumineuses, pâtes...) qui favorisent la sécrétion de sérotonine, un neuromédiateur impliqué dans la régulation du sommeil. Certains aliments, riches en tryptophane, peuvent aussi favoriser l'endormissement, dans la mesure où le tryptophane est un acide aminé, précurseur de la sérotonine. Les aliments riches en tryptophane sont notamment le lait écrémé en poudre, certains fromages (gruyère, chèvre, munster), certaines viandes (poulet, lapin, foie de veau), le thon, le saumon, les graines de courge, de citrouille, de tournesol, le persil lyophilisé... Néanmoins, il est préférable d'éviter les viandes le soir (trop riches en protéines qui diminuent l'activité du tryptophane). Vous pouvez aussi privilégier les aliments riches en oméga 3 qui auraient un effet bénéfique sur les troubles du sommeil (poissons gras à midi, huile de colza, amandes, noix, noisettes...).

Si vous êtes vraiment épuisé par l'insomnie et que vous ne parvenez pas à récupérer, consultez votre médecin. Peut-être sera-t-il amené à vous prescrire un somnifère pour quelques nuits.

Le pire serait de rester allongé dans votre lit en étant préoccupé par votre insomnie. Levez-vous et bougez. Vous pouvez pratiquer quelques-uns des exercices proposés dans la deuxième partie de ce livre, en particulier la respiration lente (voir p. 128). Un massage de la plante des pieds suivi d'un bain dans de l'eau froide aura un effet apaisant. Pour ralentir votre fréquence cardiaque, appliquez de légères pressions sur les globes oculaires et buvez une infusion qui favorise le sommeil ou une boisson à base de lait. Ne vous couchez pas le ventre vide. Écouter au lit de la musique relaxante aide certaines personnes. Un casque vous coupera des bruits extérieurs et ne dérangera pas votre partenaire.

La mélatonine est une hormone naturelle produite par une glande du cerveau (épiphyse) lorsqu'il est stimulé par la lumière qui arrive aux yeux. En hiver, lorsque les journées sont courtes, le taux de mélatonine est faible et certaines personnes souffrent alors de ce qu'on appelle un « trouble affectif saisonnier » ou « dépression saisonnière » ou encore « blues hivernal » (voir p. 66). Des séances de luminothérapie (exposition à la lumière naturelle ou plein spectre) suffisent parfois pour que tout rentre dans l'ordre (voir p. 67).

La mélatonine aurait un effet sédatif et améliorerait la qualité ainsi que la durée du sommeil[1]. Elle normalise les rythmes circadiens, ce qui est bénéfique à ceux dont les horaires de travail sont variables ou qui souffrent du décalage horaire ou encore d'insomnie. La mélatonine peut également soulager les tensions, l'anxiété, certaines formes de dépression, les états colériques, la fatigue et la confusion mentale. Elle est bien plus sûre que les tranquillisants ou les somnifères, dépourvue d'effets indésirables et relativement bon marché.

Mise en garde : en France, la commercialisation de la mélatonine n'est pas autorisée. Néanmoins, il est important de connaître les mises en garde. La mélatonine ne doit pas être prise durant la journée en raison du risque de symptômes dépressifs. Elle est contre-indiquée en cas de grossesse, de déficience du système immunitaire ou de trouble endocrinien.

1. R. J. Wurthman et I. Zhdanova, « Improvement of sleep quality by melatonine » (Amélioration de la qualité du sommeil par la mélatonine), *The Lancet*, vol. 346, 2 décembre 1995.

6
Les causes de l'épuisement nerveux

Le stress est inhérent à la vie

Des magazines énumèrent souvent la liste des problèmes qui surviennent dans la vie, en fonction du degré de stress, et vous proposent d'en calculer le score. Une véritable incitation à la dépression ! Il faudrait une liste très longue pour prendre en compte tous les événements douloureux possibles. Par conséquent, si votre problème n'est pas cité, cela ne signifie pas qu'il est dépourvu d'importance. Tout ce qui est source de préoccupation ou de mal-être est un stress. Même si de nombreuses personnes vous disent que cela ne devrait pas vous affecter, le fait est que, si cela vous rend malheureux, c'est qu'il mérite bien de figurer sur la liste. *Toute adaptation à un changement est source de stress.*

- Mort d'un être aimé
- Divorce
- Rupture amoureuse
- Maladie physique
- Invalidité
- Chômage
- Pauvreté
- Départ à la retraite

- Problème de logement
- Vieillissement
- Fait de devenir adulte
- Fait d'être né
- Personne âgée à charge
- Jeune à charge
- Addiction
- Problème d'ordre spirituel
- Malade à charge
- Examens
- Départ de proches
- Promotion
- Mariage
- Naissance
- Enfant qui part faire sa vie
- Difficultés d'apprentissage
- Déménagement
- Départ en vacances
- Travail physique et pénible
- Travail très prenant
- Mauvaises conditions de travail
- Délais serrés au travail
- Déplacements incessants
- Excès de responsabilités (en particulier chez une jeune personne)
- Bébé pleurant beaucoup
- Insatisfaction de son apparence
- Sexualité non épanouie
- Peur d'une agression ou d'un viol
- Et même victoire sportive !

Étant donné qu'une personne culpabilise facilement si elle a les nerfs fragiles, il est courant qu'elle réagisse à une telle liste en s'empressant de dire : « Oui, j'ai ça et ça et ça encore », comme si elle avait besoin de justifier son état. Si vous êtes nerveusement à bout, cela peut signifier que vous avez éprouvé une douleur, récemment ou dans le passé.

Parfois, il vaut mieux ne pas trop creuser pour en identifier la cause. C'est lorsque vous irez mieux que vous pourrez comprendre ce qui vous est arrivé.

Le passé affecte notre équilibre mental

Il est probable que, dès notre naissance voire dans le ventre de notre mère, nous accumulons de la peine. Le nouveau-né vient au monde avec le besoin d'être nourri, aimé, protégé et au chaud. Si ses besoins sont négligés et qu'il éprouve plus de douleur (peur, colère, tristesse, etc.) qu'il ne peut en supporter, il s'efforcera de refouler cela dans son inconscient. C'est ainsi que peut débuter une névrose.

Les émotions « gelées » ou la névrose

Plus une personne a refoulé d'émotions et plus il est probable que le « congélateur de son inconscient » renferme un compartiment étiqueté « émotions peu reluisantes : ne pas ouvrir ». Parmi ces émotions refoulées : la colère, la haine, la jalousie, le rejet, la déception, etc. Une névrose débute lorsque l'on refoule systématiquement certaines émotions réelles. Cela peut survenir à n'importe quel âge de la vie, dès la petite enfance. La névrose est une maladie des émotions, une réaction à la *douleur*. Un enfant qui se sent en sécurité et aimé, qui a le droit d'exprimer ce qu'il ressent, n'a pas besoin d'ériger un mur protecteur. Il peut être lui-même et laisser les autres voir qui il est. En revanche, s'il est confronté à une situation douloureuse et insupportable, il crispera son corps pour retenir ses émotions. Il peut également manipuler son esprit afin de modifier sa manière de réagir à ses malheurs. C'est ainsi que l'on apprend à *simuler*.

Simuler dès l'enfance

Prenons un exemple. Un enfant, dans une école privée très stricte, est assis en silence. Il se balance d'avant en arrière, ne pleure pas et répond poliment quand on lui adresse la parole. Il est peu probable qu'il se dise : « Je suis un enfant paisible et indépendant, satisfait de mon sort », mais plutôt : « J'ai essayé, en vain, d'exprimer ma peur et ma colère parce que je suis si malheureux. Je ne parviens toujours pas à obtenir ce dont j'ai besoin, c'est pourquoi j'ai décroché [suis devenu dépressif]. Étant donné que je ne peux pas sortir de ma condition misérable, je dois m'y adapter. »

Une fois adulte, faut-il poursuivre dans cette voie ?

Dans nos vies, nous continuons souvent à nous blinder (protection) et à manipuler notre esprit (dépression). Est-il toujours approprié d'agir ainsi ou n'est-il pas plutôt temps de cesser toute simulation ?

Le comportement d'un enfant meurtri

Nous avons vu qu'un enfant meurtri ne se comporte pas « normalement ». Que ce soit pour faire face ou pour faire plaisir à ses parents, il « gèle » ses émotions réelles et se comporte de manière névrosée. Il ne s'agit pas d'une réaction stupide et faible, mais de la *seule* possible pour un enfant en souffrance. On nous apprend très clairement à réagir à la douleur par l'anxiété ou la dépression. Afin de sortir de ce cercle infernal, nous devons en apprendre plus sur ce sujet.

Une fois adulte…

Une personne en souffrance a besoin d'amour et de compréhension. L'enfant meurtri qui sommeille en nous en a désespérément besoin. À tout âge, il n'est jamais trop tard pour y remédier. Comment, sinon, pourrait-on aimer quelqu'un si l'on ne parvient pas à consoler l'enfant triste/effrayé que l'on porte ? Nous avons appris qu'il est égoïste de penser à soi. Certes, penser *exclusivement* à soi est égoïste mais, pour aller bien, il faut impérativement apprendre à aimer cet enfant qui souffre en nous.

Comprendre l'enfant meurtri

Pensez à une fillette qui souffrirait de ne pas recevoir l'attention dont elle a besoin. Elle a peur et elle pense que, si elle est très gentille avec sa mère (n'oubliez pas que sa mère peut l'aimer mais ne pas voir ses besoins), sa vie s'améliorera. La fillette aime sa mère. Elle veut tant lui plaire qu'elle cherchera, par tous les moyens, à se convaincre qu'elle est heureuse de jouer à sa mère le rôle de la fillette qui aime. En réalité, elle est très en colère et meurt d'envie de lui dire : « Pourquoi faut-il que je pense uniquement à ce qui te préoccupe ? Moi aussi, j'ai peur et je me sens mal. Tu es grande et je ne suis qu'une petite fille. »

La peur de ne plus être aimé

Une fois adulte, cette fillette peut continuer à jouer cette comédie. Elle craint, probablement de manière inconsciente, de perdre l'amour de sa mère. Au fil des années, toute l'énergie dépensée pour refouler sa frustration et sa colère envers sa mère risque de se manifester sous la forme de troubles névrotiques, souvent incompréhensifs pour elle et son entourage, ou d'éclater, si elle ne parvient plus à contenir sa colère (ou que cela n'est plus nécessaire) et d'aboutir à un épuisement nerveux (dépression).

La névrose est une réponse à la souffrance. Malheureusement, elle est souvent perçue comme humiliante, et le terme lui-même est péjoratif. « Il/Elle est complètement névrosé(e) » signifie qu'il/elle est stupide, faible, agit de manière imprévisible, ne parvient pas à faire face, est instable, etc.

Le besoin vital d'aimer en retour

Les enfants veulent être aimés mais, en outre, ils ne demandent qu'à aimer ceux qui les entourent. Leur déception est immense s'ils sont traités comme si leurs émotions ne comptaient pas. Être aimé ne suffit pas pour que l'enfant se construise sa propre identité. Il faut également être reconnu comme un être humain qui pense et qui ressent. Cela ne signifie pas, bien sûr, qu'un enfant n'aura pas besoin de soutien ni de discipline mais, s'il n'a jamais la possibilité d'exprimer ses émotions, il se dessèchera de l'intérieur. Vous connaissez probablement un certain nombre de personnes toujours glaciales...

L'estime de soi

Il est fréquent qu'une personne qui va mal dise : « Je ne sais plus qui je suis. » Cela n'a rien d'étonnant. Nous nous retrouvons en pleine confusion à force de refouler notre douleur, de faire plaisir aux autres et d'attendre que les autres nous disent qui nous sommes. Et lorsque, occasionnellement, nous nous faisons plaisir, nous ressentons de la culpabilité...

La maladie mentale est peut-être cette petite voix qui murmure : « J'ai essayé de te guider vers un mieux-être, mais tu ne m'écoutes pas. Tu n'es plus un(e) enfant maintenant. Pourquoi ne te décides-tu pas à être enfin toi-même ? »

7

Apprendre à être enfin soi-même

Nos corps veulent se libérer du carcan de la tension. Ils veulent être eux-mêmes. Nos esprits aussi voudraient être libres. Au lieu de cela, nous jonglons avec nos émotions pour ne pas décevoir notre entourage. Nous acceptons telle ou telle autre contrainte pour faire plaisir à nos parents, à nos professeurs, puis à notre partenaire, nos enfants, notre patron, notre belle-mère, et la liste est longue. Quand cela prendra-t-il fin ? *Seulement lorsque nous nous aimerons suffisamment pour arrêter de jouer la comédie.*

Bien sûr, vous ne devez plus « cesser » d'aimer les personnes qui ont joué un rôle dans ce « jeu » de non-authenticité, mais vous vous devez à vous-même de reconnaître que vous êtes une personne unique, importante, *quelles que soient* vos émotions. C'est votre droit le plus strict. Vos émotions vous appartiennent et cela se passe entre vous et votre conscience, qu'elles soient justes ou fausses.

Personne n'a le droit de vous dire ce que vous devez penser ou ressentir. Les émotions ne *devraient* pas… Elles *sont*. Dès que vous cessez de lutter avec les vôtres et commencez à les accepter, la vie devient plus simple et également beaucoup plus excitante. Vous pouvez ne pas être toujours fier de ce que vous éprouvez vis-à-vis de certaines choses mais, au moins, vous êtes à l'écoute de la personne que vous êtes vraiment. Un changement devient possible lorsque vous avez accepté ce que vous voulez modifier en vous.

Il est également important d'encourager ceux qui vous entourent, en particulier les jeunes, à s'approprier leurs émotions et à les exprimer.

Trouvez vos propres réponses

Il faudra peut-être accepter l'idée que votre douleur n'intéresse personne. Vous ne présentez aucune anomalie médicale grave : pas d'augmentation du nombre de globules blancs, d'anomalie cérébrale ni même d'hallucinations intéressantes qui pourraient inciter un thérapeute à déclarer : « Je vois. Exactement ce que je pensais ! Classique. » Vous vous retrouvez seul à lutter, pour continuer, jour après jour, déboussolé et coupable de ce que vous ressentez, assis dans votre bel appartement, mais entouré de tasses de café sales et de mégots de cigarette, des taches sur votre chemise.

Vous avez le choix

Les choix qui suivent sont de l'ordre de vos possibilités. C'est à vous de décider si vous voulez les réaliser :

- Êtes-vous prêt à vous sentir responsable de votre santé physique et mentale ?
- Avez-vous envie de voir le rôle que vous jouez dans votre propre malheur ?
- Êtes-vous décidé à cesser de vous faire du mal avec l'alcool, la drogue, le tabac, une alimentation déséquilibrée, un manque d'exercice physique et de plein air ?
- Avez-vous envie de cesser d'être désolé de ce que vous êtes ?

- Souhaitez-vous découvrir quels sont vos besoins réels ?
- Voulez-vous cesser de faire toujours passer vos besoins après ceux des autres ?
- Pouvez-vous accepter l'idée que l'on ne change pas les gens, mais que l'on peut juste faire en sorte que leur comportement cesse de vous blesser ?
- Pouvez-vous accepter la perspective que si vous ne prenez pas soin de vous, vous risquez de devenir un fardeau terrible pour votre entourage ?
- Pouvez-vous accepter l'idée que votre anxiété ou votre dépression sont dues en grande partie à la manière dont vous vous voyez ?
- Avez-vous envie d'être vous-même et non la personne que votre entourage voudrait que vous soyez ?

Apprenez à vous affirmer

Cela peut s'avérer très libérateur, mais il ne faudrait pas pour cela accabler vos proches et leur jeter à la figure : « Regardez bien. Vous allez découvrir qui je suis vraiment. C'est fini de jouer à la marionnette. » Vous pouvez vous y prendre avec douceur et amour. Cela étant, soyez prêt à affronter des critiques, quelle que soit la manière dont vous le leur annoncerez.

Pourquoi les relations sont-elles si difficiles ?

En fait, cela serait-il le cas si nous acceptions les gens tels qu'ils sont et si nous nous montrions tels que nous sommes, avec nos qualités mais aussi nos défauts ? Nous avons vu que des émotions authentiques provoquent un comportement sain : une attitude équilibrée, la capacité de s'adapter au changement et celle de faire face à toutes les situations. Des émotions refoulées aboutissent, en revanche, à un comportement névrosé, à de l'anxiété et/ou de la dépression. Si vous commencez par être honnête envers vous-même, l'honnêteté envers les autres sera la prochaine étape. N'oubliez pas, bien évidemment, qu'il ne faut pas s'attendre à ce que les autres changent. Vous pouvez seulement leur montrer que *leur* comportement *vous* affecte.

Une communication honnête et ouverte

Imaginez la scène suivante :

Bernard, Antoine et Georges sont dans leur bar fétiche, comme chaque semaine. Ils sont amis depuis des années. La scène se déroule au début du mois d'avril. Généralement, ils parlent de sport, de leur travail, de leurs prochaines vacances, des factures de chauffage, de bricolage… Mais ce soir, ils vont parler (Georges au moins) des *émotions*. Bernard et Antoine sont au bar lorsque Georges arrive. Ils se disent bonsoir, puis Bernard remarque que Georges a les yeux rouges.

Bernard : *Déjà le rhume des foins, mon vieux ?*

Georges : (l'air plutôt penaud) *Non, en fait, je viens de verser quelques larmes.*

Bernard et Antoine : *Des larmes !* (Ils n'auraient pas été plus embarrassés si Georges leur avait dit qu'il venait de mouiller sa culotte.)

Bernard : (d'un ton grave) *Euh, il y a un problème avec Béatrice, c'est ça, Georges ?*

Georges : (souriant) *Non, Béatrice va bien, tout va bien.*

Antoine : (sa curiosité l'emportant sur sa gêne) *Alors, pourquoi est-ce que tu pleurais ?*

Georges : *Je ne pleurais pas vraiment. En fait, la vie me semblait si belle. Juste avant de venir, j'étais dans le jardin. Le soleil était encore chaud. Un merle prenait dans la gouttière de la mousse pour son nid et j'entendais Béatrice qui jouait au piano un vieil air loufoque. Cela m'a bouleversé. J'ai senti venir des larmes et je les ai laissées sortir. C'est tout. Quand j'ai eu ma crise cardiaque, l'année dernière, ils m'ont dit que je ne devais pas refréner mes émotions.*

Bernard et Antoine : (ensemble, après un long silence) *Tout le monde est partant pour un demi ?*

Durant l'heure qui suit, ils vont parler de la voiture de Bernard qui prend la rouille, du gouvernement et du nouveau barman. Georges, l'air heureux et détendu, va aux toilettes. Antoine et Bernard se regardent par-dessus leur verre de bière.

Bernard : *Tu crois qu'il va bien ?*

Antoine : *Je ne sais pas mais, en revanche, je sais qu'il avait un cousin qui est devenu cinglé…*

Toute leur vie, ils ont caché leurs peurs et leur tristesse, même envers ceux qui leur sont le plus proche.

Bernard a peur de prendre l'avion, de se retrouver au chômage et que son épouse meure avant lui. Son père qui se fait vieux le rend triste et il n'a pas encore accepté la mort de son chien. Il garde tout en lui.

Antoine a dormi avec la lumière allumée jusqu'à son mariage. Son épouse ignore qu'il craint à ce point le noir. Elle voudrait seulement qu'il soit aussi organisé pour le reste qu'il ne l'est pour l'éventualité d'une coupure de courant (des lampes électriques et des bougies un peu partout dans la maison). Il ressent infiniment de tristesse et de compassion pour l'enfant handicapé de ses voisins. Pourtant, il l'ignore complètement et fait tout son possible pour éviter ses parents. Il fume et redoute d'avoir un cancer, mais s'énerve dès qu'on aborde ce sujet. Il est fou de sa femme, mais il lui dit rarement qu'il l'aime.

Georges a longtemps culpabilisé parce qu'il avait profondément blessé son épouse, et il le savait, en refusant de voir leur enfant mort-né. Il n'en comprenait pas la raison, mais l'idée de voir un bébé mort le terrorisait. Plusieurs mois après l'accouchement malheureux de sa femme, il a attrapé la grippe. Alors qu'il somnolait devant la cheminée, il a rêvé d'un frère qu'il n'avait pas eu car il était mort en venant au monde (à l'époque, il avait quatre ans). À son réveil, il s'était senti bouleversé. Il se rappelait la peur qu'il avait éprouvée lorsqu'il avait dû embrasser la petite joue froide. Il se souvenait aussi qu'on l'avait envoyé chez une tante qui lui faisait mal quand elle lui lavait le visage. Ce rêve lui avait donné une clé pour comprendre d'où venait sa culpabilité, mais il était incapable de partager cette découverte avec son épouse. Lorsqu'il lui en a parlé, des années plus tard (à sa sortie de l'hôpital après sa crise cardiaque), ils ont longuement pleuré ensemble et toute la douleur due à l'indifférence apparente de Georges envers ce bébé perdu s'est envolée.

Que vont penser les autres ?

En ne montrant pas aux autres vos émotions véritables, n'êtes-vous pas en train de répéter l'erreur que commettaient les adultes quand vous étiez jeune ? Un enfant pense : « Quand je serai grand, je ferai ceci, et cela. » Mais *le faisons-nous* ? Est-ce que nous ne continuons pas, plutôt, à cacher nos émotions et à jouer un rôle pour que les gens nous apprécient et ne nous abandonnent pas ? Nous continuons de dire « oui » alors que nous pensons « non », et l'inverse, *mais à quel prix ?*

8

Comprendre la nature de l'anxiété

Comprendre la nature de l'anxiété permet parfois de la faire disparaître...

Il existe trois principaux types d'anxiété mais ce ne sont pas les seuls. Leur point commun, ce sont les symptômes physiques. La cause peut être différente, mais les effets sur le corps sont identiques.

Un jeune homme a pleuré durant sa première séance visant à lui apprendre à vaincre son anxiété. Ses larmes étaient un mélange de soulagement et de colère. Il aurait évité bien des années de médicaments s'il avait compris ce qui se passait.

Les types d'anxiété

L'anxiété exogène

Il s'agit d'une angoisse à propos d'une menace réelle sur le corps ou d'un événement de la vie, par exemple une intervention chirurgicale ou la perte de son emploi. Parfois, la menace est si effrayante que la personne en souffrance se refuse à affronter l'origine de sa peur, qu'elle transforme en symptômes physiques (somatisation). Elle nie avoir un problème dans sa vie et devient évasive si le médecin lui demande si elle a des ennuis. Cette négation n'est pas un mensonge. C'est la vérité telle qu'elle la voit.

L'anxiété endogène

Ici, la peur vient de l'intérieur. Elle est alimentée par des pensées. Mais il ne s'agit pas d'une pensée du type : « Que se passera-t-il si je rate mes examens ? », comme dans le cas d'une anxiété exogène, mais d'une peur intérieure mal définie que la personne en souffrance ne reconnaît peut-être qu'en partie, comme la peur de perdre le contrôle, d'être puni, de ne pas être aimé, d'éprouver des émotions destructrices, parfois envers des membres de sa famille. La personne est souvent envahie par la crainte de représailles, par exemple si elle déteste son patron mais n'ose pas le montrer. Cela risque d'aboutir à une haine de soi à cause de ce que l'on perçoit comme de la lâcheté.

L'anxiété du jugement

L'éducation morale que nous avons reçue dans notre enfance entraîne souvent une autre source d'anxiété : de l'angoisse à propos d'un sentiment de culpabilité. En grandissant, nous continuons d'entendre, dans notre tête, ce que l'on nous a rabâché, ce qui aboutit à un système interne de « jugement » bien plus sévère que notre éducation initiale. Il y a ici une confusion de culpabilité par anticipation. Nous sommes terrifiés à l'idée de faire quelque chose qui serait condamné par la société et immensément frustré à la perspective de devoir accomplir la même routine stupide afin de contenir notre anxiété. Ce peut être, par exemple, un homme qui dirait toujours « oui » parce qu'il est incapable de supporter le sentiment de culpabilité qu'il éprouverait s'il disait « non ». Il trouve très contraignant de faire chaque dimanche 25 kilomètres pour conduire sa mère chez son amie afin qu'elle puisse jouer au bridge, mais il préfère s'y astreindre plutôt que de se sentir coupable.

Demandez-vous ce qu'une désapprobation signifie pour vous.

- Comment vous sentez-vous lorsque quelqu'un n'est pas d'accord avec vous ?
- Vous sentez-vous plutôt anxieux, blessé, piégé, déprimé ou tel un enfant « qui a fait une bêtise » ?
- Avez-vous l'habitude d'agir pour éviter une désapprobation, même lorsqu'il s'agit de petites choses, et de vous détester ensuite d'avoir été aussi faible ?
- Agissez-vous ainsi, encore et encore ?

Les effets du système du jugement : ce que nous faisons subir à nos enfants. Lorsque nous sommes constamment bombardés de propos du style : « Tu dois être sage, pense à ce que ressentent les autres, etc. », ce que nous entendons vraiment, c'est : « Frappe-toi avec un bâton, ne pense pas à ta petite personne, efforce-toi d'être bien vu de tous et fais toujours passer les sentiments des autres avant les tiens. » Il y a quelque chose de profondément faux dans cela. Nous devons apprendre à aimer les autres comme nous-mêmes, mais également à ne pas reléguer nos émotions au dernier plan. Un système qui nous apprendrait à ignorer nos besoins risquerait de créer des martyrs sans personnalité ou, à l'opposé, des rebelles qui ne penseraient qu'à eux et se complairaient à faire peu de cas du sentiment des autres.

La culpabilité. Si, durant l'enfance, notre anxiété « du juge et du jury » ne fait que progresser, le « prisonnier » que nous sommes se retrouve pour toujours en liberté surveillée et vit dans la peur de commettre un « crime » contre la société, hanté par la perspective oppressante d'un châtiment (culpabilité).

Certaines personnes redoutent tellement une éventuelle culpabilité qu'elles sont constamment tendues. Cela ne pourrait-il être la cause de tant d'obsessions et de phobies ?

L'anxiété diffuse

On parle d'anxiété diffuse lorsqu'il n'y a pas de cause évidente à la peur, lorsqu'elle ne repose sur rien. Une personne pourra dire : « Je ne vois aucune raison d'être angoissé et pourtant, je le suis continuellement. » Un argument que réfuterait son inconscient… Cet homme a probablement refoulé de vieilles peurs, ce qu'il s'efforce de rationaliser avec son intellect. « Ma situation financière est bonne, mon épouse m'aime, etc. » Mais cela ne marche pas. Il est impossible de duper l'inconscient, qui a gardé en mémoire ce qui s'est vraiment passé.

Revivre la scène traumatisante

Robert avait l'habitude de dire, à propos de ses anciennes souffrances : « Il suffit de ne pas y penser. Ça finira bien par passer. » Cela marche peut-être un temps mais, un jour ou l'autre, un détail du présent ramène à la surface d'anciennes émotions, longtemps refoulées dans l'inconscient, et qui vous « sautent » alors à la figure. C'est ce qu'on appelle une reviviscence. C'est arrivé à Robert d'une manière, il est vrai, particulièrement intense. La prochaine fois que vous réagirez plus violemment que nécessaire, demandez-vous pourquoi. Y a-t-il en vous plus de colère que ce que vous voulez bien admettre ? Suffit-il d'une pensée triste pour vous plonger dans la dépression parce qu'en fait, vous êtes constamment suspendu au bord du gouffre ? Y a-t-il quelque chose, dans votre passé, que vous n'êtes jamais parvenu à accepter ?

La fille unique de Robert était sur le point de partir travailler à l'étranger et il ne comprenait pas pourquoi cela le mettait dans un tel état. Il commençait à angoisser et ressentait un terrible sentiment de perte. Cela n'avait aucun sens. Il savait qu'il la verrait plusieurs fois par an et, ce qui était encore plus déboussolant, il se réjouissait qu'elle ait eu une telle chance.

Évacuer de vieilles émotions. Après plusieurs séances où il a pu parler, tout ce qu'il avait refoulé pendant des années est ressorti. Son enfance avait été, en grande partie, triste. Sa mère avait abandonné le foyer conjugal quand il avait treize ans. Son père s'emportait pour un rien et il avait fait le maximum pour que les choses se passent à peu près bien. Il avait, entre autres, pratiquement élevé sa jeune sœur. Son père le considérait comme un garçon sensible et aimant, sans voir qu'il débordait également de colère et de peur.

Au début, Robert a eu beaucoup de mal à exprimer sa douleur à propos de quelque chose qui était arrivé il y a si longtemps. Cependant, il comprenait combien cette vieille peur de la perte avait perturbé ses émotions présentes. Cette colère qui s'exprimait à nouveau le rendait plutôt difficile à vivre mais, heureusement, sa famille était là pour le soutenir. Il a fait d'énormes progrès et a fini par dire qu'il se sentait physiquement plus léger, comme si un poids lui avait été ôté. Il s'était enfin débarrassé de son « fantôme ».

9
Comprendre la nature de la dépression

La dépression est très différente de la déprime. Lorsqu'on est déprimé, que l'on broie du noir, on a conscience de la tristesse due à un fait douloureux dans sa vie ou celle de personnes qui nous touchent. Cependant, peu à peu, le chagrin s'estompe et, même si nous avons le cœur lourd, nous pouvons être réconfortés et vivre normalement.

Ce n'est pas le cas lors d'une dépression. La personne en souffrance est tellement incapable de faire face aux émotions douloureuses qui l'assaillent qu'elle s'en déconnecte pour ne plus rien ressentir. Le problème, c'est qu'elle se coupe également des émotions agréables qui pourraient lui redonner goût à la vie. Elle est comme « anesthésiée ». C'est pourquoi il est difficile, voire impossible, de la réconforter.

Il est triste de constater que tant de personnes peuvent vivre tellement d'années en ayant perdu toute joie de vivre, incapables de réaliser qu'elles souffrent en fait d'une maladie pouvant être soignée. Si vous ne pouvez plus utiliser l'un de vos doigts parce qu'il se retrouve engourdi, vous vous précipitez chez votre médecin pour qu'il en trouve la cause. Pourquoi, alors, accepter que vos *émotions* soient « engourdies » ? La dépression est souvent insidieuse et sournoise. Elle vous envahit, anesthésiant peu à peu vos émotions jusqu'à ce que votre incapacité à ressentir quoi que ce soit devienne à peine perceptible. Vous vous résignez alors à votre sort.

Voici ce qu'a décrit une jeune femme :

> *« Être dépressive est comme se trouver dans une pièce qui aurait besoin d'être décorée. Comme vous n'en avez pas conscience, vous ne faites rien. Tout ce que vous savez, c'est que vous vous sentez affreusement désemparée et mal de devoir rester dans une telle pièce. »*

Lorsqu'elle a compris qu'elle souffrait de dépression, elle a dit que c'était comme de pouvoir remarquer les fissures dans un mur. Réalisant enfin pourquoi elle était restée dans cette pièce si lugubre, elle s'est sentie revivre. Son problème était désormais : comment faire pour que cette pièce devienne plus agréable ? Dans un premier temps, il est parfois encore plus douloureux de supporter toutes les émotions qui remontent à la surface et qui, inévitablement, apportent leur lot d'anxiété. Comment réparer les murs ? Est-ce que je trouverai la bonne couleur, etc. ?

C'est une situation effrayante, mais également très excitante parce que les sensations positives resurgissent à nouveau. C'est le début de la guérison. Un jeune homme l'a décrit ainsi :

> *« C'est comme si j'avais subi une intervention chirurgicale et que j'avais été anesthésié durant de longues années. Lorsque j'ai commencé à sortir de la dépression, ma "blessure" s'est mise à me faire mal, mais j'étais enfin suffisamment éveillé pour croire ceux qui me disaient qu'elle finirait par guérir et que je pourrais redevenir moi-même. »*

Quelles sont les causes de la dépression ?

Ce sont notamment tous les stress de la vie, passés et présents (voir le chapitre 6).

Qui risque de souffrir de dépression ?

La dépression peut toucher n'importe qui, même si des facteurs héréditaires sont parfois impliqués dans certains types de dépression.

Les différents types de dépression

> Trouble de l'humeur, trouble affectif, dépression réactive, dépression endogène, dépression névrotique, psychose maniaco-dépressive, dépression psychotique, dépression retardée, dépression agitée, dépression masquée, dépression souriante, etc.

Étant donné que ce livre traite des états légers à modérés d'anxiété et de dépression, nous ne parlerons pas de la dépression psychotique. Cette pathologie beaucoup plus sévère requiert l'aide d'un professionnel de santé.

Les types de dépression

La dépression exogène

C'est également ce qu'on appelle la dépression réactive ou névrotique. La dépression survient en réaction à un événement marquant dans la vie. Lorsqu'une personne vit un moment triste, par exemple un deuil, un divorce, la perte de son emploi, etc., il est facile de comprendre que cela puisse altérer l'humeur. Parfois, toutefois, un changement mineur provoque chez certaines personnes de la dépression alors que cela aurait été sans conséquence chez d'autres.

Les raisons peuvent être nombreuses. Il existe un « arriéré » d'événements qui n'ont pas été « digérés ». Parfois encore, la personne n'a pas eu le temps de se remettre d'un choc, même mineur, qu'elle a subi peu de temps auparavant. Parfois enfin, la dépression survient *parce que la personne a appris à réagir de cette manière*. De même que l'on peut « enseigner » à un enfant à être anxieux, on peut lui apprendre à être dépressif.

La dépression endogène

Ce type de dépression provient de notre organisme, et plus particulièrement de perturbations au niveau des neuromédiateurs qui interviennent dans l'équilibre psychique. Cependant, les choses ne tournent jamais mal, dans le corps ou dans la tête, sans qu'il y ait une cause. Elle n'est peut-être pas évidente si l'on tient compte des circonstances actuelles de la vie (« Qu'est-ce qui explique sa dépression ? Il adore son épouse et sa famille, et roule dans une belle voiture »), mais il y a certainement quelque chose qui tient au passé.

Avant de dire : « Ah, oui, mais c'était il y a longtemps et la vie est redevenue facile pour lui », n'oubliez pas que si les émotions douloureuses passées ne sont pas exprimées, elles ne disparaissent pas d'elles-mêmes. Elles peuvent resurgir lorsqu'on s'y attend le moins et vous obliger à les affronter. Les émotions refoulées qui risquent le plus de provoquer ensuite de la dépression sont la colère, la frustration, la tristesse, la culpabilité et, bien évidemment, la conviction d'être dépourvu de charme ou d'intérêt. Il est vital de prendre conscience que ce qui a de l'importance, ce n'est pas la réalité d'une situation, mais les émotions. Ainsi, un homme laid peut ne jamais connaître de dépression et être très heureux de son sort s'il s'accepte tel qu'il est, tandis qu'un homme charmant et séduisant, qui doute de ses atouts, peut sombrer dans la dépression. Quelle que soit votre réussite actuelle ou le nombre de personnes qui vous répètent à quel point vous êtes une personne merveilleuse, vous connaîtrez la dépression si vous vous traînez des tonnes d'émotions négatives à votre sujet. Exprimez ces émotions pour vous en débarrasser. Ensuite, vous irez mieux.

La dépression mixte

Bien des personnes souffrent, à la fois, de dépression exogène et endogène si elles accumulent des difficultés dans leur vie et l'incapacité d'y faire face à cause d'une névrose.

La dépression agitée

Normalement, la dépression est associée à un ralentissement général mais, dans ce cas, la personne est également hyperactive et anxieuse. C'est une situation particulièrement difficile à vivre, car il n'y a pas le repos qu'apporte généralement la dépression.

La dépression souriante

Certaines personnes font des efforts surhumains pour cacher leur mal-être. Raconter sans cesse des blagues est en moyen d'utiliser l'humour comme mécanisme pour contenir sa douleur et tromper les autres. C'est ce que l'on pourrait appeler le « syndrome du clown » : une bouche qui sourit et des yeux tristes.

La dépression masquée

Les symptômes ne sont que physiques : maux de dos, de tête, troubles digestifs, etc. La personne qui souffre n'est pas forcément consciente de la cause réelle de ses maux et peut alors refuser d'admettre sa dépression.

La psychose maniaco-dépressive ou troubles bipolaires

Une psychose maniaco-dépressive est caractérisée par une alternance d'états euphoriques et prostrés. Certaines personnes vivent bien les phases de surexcitation, mais la plupart s'en accommodent aussi mal que des périodes d'abattement, car elles ont conscience des modifications incessantes de leur humeur. C'est parfois très difficile à vivre pour l'entourage. Les pensées et les actions de la personne qui souffre peuvent être sujettes à un rythme si infernal qu'elle travaille alors plus vite, est très créative et accomplit de grandes choses. Cependant, elle peut ensuite devenir irresponsable au volant, dans ses dépenses ou lorsqu'il s'agit de prendre des décisions importantes. Dans ses relations avec les autres, c'est là aussi des hauts et des bas. Si l'un de vos amis se comporte d'une manière qui ne lui ressemble pas, évoquez avec lui la possibilité qu'il soit épuisé nerveusement et encouragez-le à consulter. Cela risque d'être difficile à lui faire entendre car, dans un premier temps, il peut penser que la vie est magnifique — sauf que cela ne dure pas. Le système nerveux est débordé par cet excès d'enthousiasme délirant, inévitablement suivi par une longue descente en enfer. Un traitement médical peut s'avérer efficace et permettre d'éviter les rechutes.

Le trouble affectif saisonnier

Cette « dépression hivernale » qui survient chaque année en automne tend à s'aggraver au fur et à mesure que les journées raccourcissent. Elle débute généralement par une augmentation du besoin de dormir et une diminution de la capacité à se concentrer pour évoluer vers de l'irritabilité, de la dépression, de l'anxiété et la perte de la libido. Les autres signes possibles sont des douleurs et un besoin de manger plus d'aliments gras et sucrés.

Les symptômes s'améliorent avec l'approche du printemps. En mai, généralement, tout rentre dans l'ordre. Certains, même s'ils se sentent mieux, finissent cependant par tomber dans une « dépression ordinaire » à cause de la répétition de cet épisode dépressif, année après année. Ils n'ont plus la force de « recoller les morceaux de leur vie » chaque printemps. Ils arrêtent leurs études, perdent leur travail et leurs amis.

Dès que l'on reconnaît la nature de cette dépression, la personne peut l'éviter en s'exposant plus souvent à la lumière du jour. Il lui suffit de passer chaque jour vingt à trente minutes dehors (sans lunettes de soleil) aux heures les plus lumineuses de la journée. Idéalement, il vaudrait mieux travailler à la lumière naturelle, près d'une fenêtre. Si les symptômes sont importants, certains médecins recommandent la luminothérapie (ou photothérapie). Cela consiste à s'exposer à une lumière blanche « à large spectre », proche de la lumière naturelle. On utilise une lampe dont l'ampoule est beaucoup plus puissante qu'une ampoule électrique normale. La lumière stimule la glande pinéale (l'épiphyse), ce qui rééquilibre la production hormonale et prévient le problème. Certains hôpitaux et cliniques sont équipés de ce type de lampe, qu'il est également possible d'acheter – mais l'appareil n'est pas remboursé par la Sécurité sociale. On peut également porter une sorte de casquette à visière lumineuse ou encore se réveiller en douceur grâce à un simulateur de l'aube.

À quoi ressemble la dépression ?

Voici ce qu'ont décrit des personnes souffrant de dépression :

- Je n'ai plus d'intérêt pour rien ni personne. Bien sûr, j'aime toujours ma famille, mais je ne le ressens plus.
- Je suis épuisé. Je pense au ralenti. Même parler m'épuise. Je fais des efforts surhumains pour amener les enfants à l'école, puis je retourne m'asseoir dans la cuisine, à regarder le mur jusqu'à l'heure du repas.
- Je me sens inutile et coupable.
- C'est comme si le temps s'était arrêté.

- C'est comme si un brouillard gris enveloppait tout. Je n'ai qu'une seule envie : rester au lit, la tête sous la couette.
- Je ne supporte plus de regarder la télévision. Je fonds en larmes dès que je tombe sur quelque chose de triste.
- Cela me coûte beaucoup d'être avec des gens. Personne ne comprend. Je dois faire semblant que tout va bien. C'est l'enfer.
- Tout ce que je faisais auparavant avec plaisir me semble aujourd'hui au-dessus de mes forces, ne serait-ce que préparer le repas ou promener le chien.
- Avant, j'adorais me faire belle, séduire. Maintenant, certains jours, je n'ai même plus la force de me lever ou de m'habiller.
- Je regarde les gens et je suis médusée qu'ils s'intéressent à tant de choses : lire, faire du sport, bricoler. Je ne les comprends pas. À quoi bon ?
- Je suis un fardeau pour ma famille. Ils seraient tellement mieux sans moi.
- Je rêve d'une bonne nuit de sommeil. Tous les matins, je me réveille entre quatre et cinq heures.
- J'aimerais tant m'endormir à une heure normale. Souvent, ce n'est pas avant trois heures du matin et du coup, le matin, je n'arrive pas à émerger.
- Si au moins je pouvais pleurer. Les larmes sont au fond de moi, mais elles n'arrivent pas à sortir.
- Je m'inquiète tout le temps pour l'avenir. Tout est si sombre.
- J'ai toujours comme un poids sur l'estomac.
- Je me sens toujours oppressé au niveau de la poitrine.
- Je suis convaincu d'avoir un problème cardiaque ou un cancer. Je ne peux pas m'empêcher d'en parler.
- Je ne veux plus faire l'amour. Je fais tout pour l'éviter.
- Je vais un peu mieux en fin de journée. Du coup, je me lève tard pour éviter les matins que je redoute.
- En journée, ça va à peu près. Mais le soir, c'est la dégringolade.

Vous pouvez compter sur l'affection de vos proches. Vous n'êtes pas tout seul, ne l'oubliez pas. Vous n'êtes pas tombé sur la tête et vous allez *guérir*. D'autres y arrivent. Pourquoi pas vous ?

Les premiers signes d'une amélioration

C'est parfois lent au début. Voici quelques réactions :

- J'ai regardé mon fils dans son petit lit. Pendant quelques secondes, j'ai senti combien je l'aimais. Cela a été un tel soulagement… Je sais que je peux de nouveau éprouver des émotions.
- Je me suis réveillé et j'ai pensé : « Je vais prendre un café et aller acheter le journal. » Cela faisait des mois que je ne m'intéressais plus à l'actualité. Jusque-là, je me disais : « Encore une nouvelle journée à affronter ! » Ça n'a pas duré, mais cela m'a redonné de l'espoir.
- Jusque-là, je réagissais toujours par la défensive lorsque quelqu'un essayait de m'encourager, mais je ne le fais plus.
- J'ai dû me forcer pour aller au spectacle de l'école de ma fille et j'ai été étonnée que ça se passe aussi bien.
- Mon épouse était en colère. J'ai filé me réfugier au garage. Quand j'en suis ressorti, je n'en revenais pas. J'avais passé deux heures à nettoyer les outils et à planter quelques bulbes. C'était la première fois, depuis des semaines, que je faisais autre chose que d'être cloué à ma chaise (hormis l'obligation de me traîner au travail).
- C'est la première fois, depuis des années, que j'ai bien réagi quand mon mari a parlé des prochaines vacances.
- J'ai retrouvé le plaisir de manger et j'ai même acheté un livre de cuisine.
- Je suis plus à l'écoute de ma femme. C'est affreux comme j'étais égoïste. J'étais tellement replié sur moi-même que je ne lui prêtais plus la moindre attention.

- Il m'a fallu du temps pour accepter que ce fût de la dépression mais, à partir de ce moment, j'ai commencé à remonter la pente.
- Les journées agréables sont de plus en plus nombreuses même si, les mauvais jours, j'oublie les bons moments.
- Ce n'est peut-être pas grand-chose, mais je m'en souviens encore. J'ai remarqué la couleur du gazon. C'était un vert superbe et je le *voyais*. C'était comme si je sortais de prison.

10
L'épisode dépressif majeur

Il s'agit généralement d'anxiété et/ou de dépression à un degré tel qu'il n'est plus possible de mener une vie normale.

Les psychiatres se sont longuement penchés sur la différence entre l'anxiété et la dépression. Parfois, le diagnostic est facile mais, le plus souvent, la personne épuisée nerveusement souffre d'un mélange des deux : lorsque les manifestations de l'anxiété régressent, celles de la dépression apparaissent ou inversement.

Lorsque l'on pense à la dépression nerveuse, on s'imagine souvent un fou furieux en camisole de force, interné contre son gré. On parle souvent, à juste titre, de « nerfs à fleur de peau ». Avant de chercher d'autres termes, il serait peut-être bon de laisser de côté ce « croque-mitaine » car, après tout, ce ne sont que des mots. Si l'on dit à quelqu'un qu'il souffre de « dépression majeure », il est compréhensible qu'il ait peur. En revanche, si on lui explique que ses nerfs sont mis à rude épreuve, le sens est peut-être le même, mais il sera mieux perçu. Il nous arrive à tous de « craquer », à des degrés divers, un jour ou l'autre. Si notre système nerveux ne parvient pas à faire face à un stress répété, cela entraîne des réactions du type « perdre son calme » ou « piquer une crise ». Il peut s'agir d'une forme atténuée d'épisode dépressif majeur. Lorsque le système nerveux se trouve complètement dépassé par les événements, en réaction à un stress (douleur) important et répété, la réaction est intense. On parle alors d'épisode dépressif majeur.

Peut-on guérir d'un épisode dépressif majeur ?

Oui, bien sûr, le système nerveux est toujours capable de reprendre le dessus. Mais si la dépression peut devenir pour vous de l'histoire ancienne, ce ne sera peut-être pas le cas de vos proches. On oublie facilement qu'une personne a été opérée de la vésicule biliaire ou de la hanche, mais il n'en va pas de même si elle a subi des altérations du comportement (troubles de l'humeur, irritabilité, repli sur soi, etc.). Le doute persiste sur sa « personnalité normale ». Heureusement, celui qui a remonté la pente est souvent beaucoup plus stable que ceux qui font l'impasse sur leurs problèmes nerveux.

Un épisode dépressif majeur peut avoir l'effet d'un grand nettoyage de printemps sur l'inconscient. Les défenses protectrices cèdent et la personne souffrante perd sa carapace. Elle est alors trop faible pour masquer plus longtemps sa douleur. L'énergie faramineuse déployée pour refouler certaines émotions est libérée, ce qui laisse la personne épuisée, mais également sur la voie de la guérison.

Les traitements pour un épisode dépressif majeur

L'être humain a toujours recherché des substances pouvant l'aider à surmonter sa peur. Il en a trouvé plusieurs, qui soulagent temporairement les symptômes, mais à quel prix ? Au prix d'une dégradation de la santé physique (on ne peut pas avaler chaque jour un produit toxique et s'attendre à rester en bonne santé) et de modifications inévitables de la personnalité, conséquence d'une sédation ou d'une stimulation prolongée du système nerveux. S'ajoute à cela le problème de la dépendance médicamenteuse.

Aujourd'hui, il est temps de remettre les pendules à l'heure. Des groupes de soutien et des organismes œuvrent de concert pour faire le ménage dans le désordre causé par l'utilisation massive des tranquillisants et des somnifères connus sous le nom de benzodiazépines (voir le chapitre 11, p. 77).

Consulter un médecin

Bien des patients n'avouent qu'une partie de leurs symptômes à leur médecin. Ils sont trop gênés pour oser citer la longue liste de leurs problèmes, apparemment sans lien, et hésitent souvent à poser des questions.

Une consultation idéale

La personne qui souffre a besoin de comprendre l'origine de sa maladie :

> *Le bilan est négatif. Vous n'avez pas besoin de traitement médicamenteux ou chirurgical. En revanche, vous avez vraiment besoin d'aide. Votre corps a été confronté à un tel stress qu'il s'est mis à produire trop d'adrénaline. C'est ce qui explique vos émotions inhabituelles. Vous allez apprendre à ralentir le rythme et à vous relaxer. Une séance est prévue ici, mardi à 19 h 30.*
>
> *S'il vous faut absolument du repos, je peux vous prescrire un tranquillisant pour deux semaines, mais l'idéal serait de vous en passer. Il est risqué de prendre plus longtemps ces médicaments. Vous pourriez devenir dépendant, ce qui vous plongerait dans la dépression. L'autre problème, c'est que vous ne réglerez rien tant que vous êtes sous sédatif. Ce serait comme de poser une attelle sur un bras cassé. Utilisé pendant une courte période, cela*

permet aux os de se ressouder mais, tant que l'attelle n'est pas retirée, votre bras ne peut pas retrouver toute sa vigueur.

Je vais signaler que vous allez participer à la séance. Pourriez-vous y retourner si vous sentez que vous n'avez pas fait suffisamment de progrès ?

Le patient repart de cette consultation avec la certitude d'avoir été écouté. On lui a fourni des explications, quoique succinctes, sur la cause de ses symptômes. Il sait qu'il pourra désormais compter sur une aide extérieure.

Malheureusement, la réalité est souvent éloignée de ce monde idéal. Peu de médecins sont en contact direct avec un psychologue, un psychiatre ou un thérapeute en relaxation. Cela étant, certains ont conscience de la valeur limitée d'une prescription médicamenteuse et comprennent l'importance de l'éducation et du soutien thérapeutique. Ils prévoient des consultations plus longues, fournissent à leurs patients des informations écrites sur l'anxiété et la dépression et peuvent, en outre, les orienter vers des structures d'aide et de soutien psychologique.

Une consultation décevante

Un médecin qui se veut optimiste et rassurant aura tendance à dire : « Tous vos examens sont normaux. Ce sont juste vos nerfs. Rentrez chez vous et n'y pensez plus ! » Un discours qui risque d'avoir l'effet inverse sur la personne venue consulter. En effet, les symptômes sont toujours là et elle ignore quoi faire pour s'en débarrasser. Elle espérait probablement qu'un examen révélerait la cause de son problème, le plus simple ayant été une hypothyroïdie, une anémie ou une hernie facile à traiter avec une pilule magique ou une intervention.

Elle quitte donc la consultation en étant censée être soulagée par le résultat négatif du bilan, mais en ayant du mal à accepter que tant de symptômes soient dus à ses nerfs. Est-ce sa faute ? Si aucune raison n'explique ses troubles et qu'il n'y a aucun traitement à envisager, alors tout vient peut-être de son imagination. Probablement déjà consciente des réactions de son entourage vis-à-vis des personnes épuisées nerveusement, elle risque d'inventer une histoire pour ne pas avoir à affronter l'humiliation de dire la vérité à sa famille et ses amis.

Le médecin a, lui aussi, ses « nerfs »...

Rien n'excuse un médecin indifférent à votre douleur psychique qui vous prescrit des cocktails pharmaceutiques plus néfastes que bénéfiques ou décide d'arrêter brutalement vos tranquillisants. Cependant, votre colère à son égard risque de diminuer si vous vous mettez à sa place. En effet, combien de fois ne vous êtes-vous pas senti obligé de dire que vous n'êtes pas un faiseur de miracles ? Or c'est justement ce que vous attendez de votre médecin. Chaque jour, il doit assurer des petits actes chirurgicaux, comme recoudre une plaie, diagnostiquer toutes sortes de maladies, faire face à des situations parfois difficiles, comme un patient particulièrement violent ou des proches qui refusent d'admettre que la fin est proche pour leur ami. N'oubliez pas qu'un médecin est également un être humain, pouvant lui aussi souffrir d'anxiété ou de dépression. Un rapport a ainsi établi que plus il prescrit de tranquillisants à ses patients, plus son anxiété sera grande.

Les médecins sont parfois mal à l'aise avec les émotions de leurs patients. C'est probablement parce qu'ils n'ont pas été suffisamment formés à cela durant leurs études ou peut-être aussi à cause de leur propre gêne ou peur. Ce ne sont pas des robots entraînés à poser un diagnostic ou à exciser un kyste. Lorsqu'ils sont confrontés aux émotions de leurs patients, c'est comme si l'on versait du sel sur leurs propres blessures. Et ce n'est pas une blouse blanche qui les immunise. Imaginez leur calvaire lorsqu'ils viennent de perdre trois patients alors que leur propre épouse est à l'agonie. Personne n'est là pour les soutenir. Il est regrettable que leur peur d'être perçus comme non professionnels les empêche d'exprimer ce qu'ils éprouvent. Nous sommes tous égaux dans la douleur.

Pourquoi est-il si difficile de comprendre les troubles psychologiques ?

La personne qui souffre est souvent perçue comme hypocondriaque ou simulatrice parce qu'elle ne présente aucun symptôme notable. Il est facile de comprendre la fièvre avec une pneumonie ou la douleur avec une fracture, mais beaucoup plus difficile à admettre si les symptômes relèvent de troubles psychologiques. Si une personne atteinte d'une pathologie physique ou d'une blessure devient irritable ou dépressive, elle sera traitée avec tous les égards qui lui sont dus, car cela s'expliquera par sa maladie. Une personne souffrant de troubles psychologiques sera souvent traitée avec moins d'attention, à moins qu'elle ne tombe gravement malade et ne nécessite des soins en milieu hospitalier.

Comment savoir que nous sommes nerveusement à bout ?

Les premiers signaux d'alarme émis par le système nerveux sont vagues et souvent ignorés : apathie, irritabilité, modification des habitudes alimentaires ou du sommeil ainsi que, fréquemment, une perte d'intérêt et de plaisir dans tous les domaines de la vie. Si cela ne s'améliore pas, le système nerveux se trouve dépassé. Le chaos règne alors, avec tous les symptômes associés.

Une personne qui dit : « C'est arrivé si soudainement. La semaine dernière, j'allais bien » n'a, en fait, pas remarqué que ses nerfs étaient à bout. À présent, ils l'obligent à en prendre conscience. Il est bien regrettable de ne pas posséder un système d'alarme qui s'activerait au moindre surmenage, du style l'apparition de plaques noires sur le corps. Nous pourrions alors réagir à temps.

11
Les traitements de l'anxiété et de la dépression

Les traitements médicamenteux de l'anxiété

Il y a plus de quarante ans, lorsque sont apparus les tranquillisants et les somnifères, on n'était pas loin de penser qu'il suffisait d'en prendre pour que tout rentre dans l'ordre. On pensait alors qu'il n'y avait pas de risque de dépendance et que les effets indésirables étaient minimes. Malheureusement, nous savons aujourd'hui que ce n'est pas le cas. Des millions d'hommes et de femmes souffrent de l'utilisation à long terme de ces drogues.

Les tranquillisants – Inutile de paniquer !

Si vous prenez l'un des médicaments mentionnés ci-dessous, lisez les remarques suivantes :

1. Vous n'êtes peut-être pas dépendant aux médicaments.
2. Si vous êtes dépendant, une guérison complète est possible en diminuant progressivement la posologie et en prenant soin de vous.

3. Comment savoir si vous êtes dépendant ? Si vous sentez que le médicament n'agit plus comme au début et si vous devez augmenter le dosage pour obtenir le même effet, ou si vous vous sentez mal quand vous l'interrompez, alors vous êtes peut-être dépendant.
4. Consultez votre médecin et demandez-lui de vous conseiller des ouvrages qui vous aideront à arrêter les tranquillisants et les somnifères.

Les médecins sont mieux informés qu'auparavant des règles à suivre pour arrêter un tranquillisant mais, au cas où vous auriez besoin d'informations, voici les dernières directives fournies au corps médical par l'Agence française de sécurité sanitaire des produits de santé (Afssaps).

Rappel du bon usage des benzodiazépines

Tiré de la Mise au point sur les troubles du comportement liés à l'utilisation des benzodiazépines et produits apparentés (7 septembre 2001) :

Les benzodiazépines sont largement utilisées en pratique courante pour leurs propriétés anxiolytique, sédative, myorelaxante et anticonvulsivante. Elles peuvent entraîner des troubles du comportement parfois graves, qu'il faut savoir repérer et éviter au maximum, notamment en respectant leur bon usage.

- La prescription des benzodiazépines n'est pas anodine. Elle ne constitue pas le traitement de fond d'un trouble anxieux et une dépression doit être systématiquement recherchée.
- Les benzodiazépines peuvent entraîner un syndrome associant, à des degrés divers, une altération de l'état de conscience à des troubles du comportement et de la mémoire, c'est-à-dire : désinhibition avec impulsivité ; euphorie, irritabilité ; amnésie, typiquement de fixation ; suggestibilité.

- Ce syndrome peut s'accompagner de troubles potentiellement dangereux pour le patient ou pour autrui, à type de : comportement inhabituel pour le patient ; comportement agressif, notamment si l'entourage tente d'entraver l'activité du patient ; conduites automatiques avec amnésie post-événementielle (les voyages lointains, par exemple).
- Toutes les benzodiazépines et les produits apparentés sont concernés.
- Ne pas prescrire en dehors des indications et s'assurer du bon diagnostic.

Les indications des benzodiazépines

En tant qu'anxiolytiques

1. Les benzodiazépines sont indiquées pour apporter un soulagement sur une durée aussi brève que possible (pas plus de deux à quatre semaines) en cas d'anxiété sévère accompagnée d'une altération marquée du fonctionnement ou d'une souffrance significative et inacceptable, survenant seule ou associée à de l'insomnie ou des troubles, à court terme, psychosomatiques ou psychotiques.
2. L'utilisation des benzodiazépines pour un traitement à court terme d'une anxiété « légère » est inappropriée et déconseillée.

En tant qu'hypnotiques (produits induisant le sommeil)

3. L'utilisation des benzodiazépines devrait être réservée au traitement des insomnies sévères, handicapantes ou qui exposent le patient à une détresse extrême.

La posologie

1. La dose minimale préconisée est de rigueur et ne doit jamais excéder quatre semaines.
2. Une utilisation prolongée n'est pas recommandée.

3. La posologie doit toujours être diminuée progressivement.
4. Les patients qui auront pris des benzodiazépines pendant longtemps peuvent avoir besoin d'une période plus longue durant laquelle la posologie sera progressivement diminuée.
5. Lorsqu'une benzodiazépine est utilisée en tant qu'hypnotique, le traitement doit être, si possible, intermittent.

Précautions d'emploi

1. Les benzodiazépines ne doivent pas être utilisées seules pour traiter la dépression ou l'anxiété associée à la dépression. Le risque de passage à l'acte suicidaire est alors majoré.
2. Elles ne devraient pas être utilisées pour traiter les états phobiques ou obsessionnels.
3. Elles ne devraient pas être utilisées pour traiter les psychoses phobiques.
4. En cas de deuil par exemple, l'adaptation psychologique peut être inhibée par les benzodiazépines.
5. Des effets désinhibiteurs peuvent se manifester de multiples manières, notamment un passage à l'acte suicidaire majoré chez les patients dépressifs et un comportement agressif, envers soi-même ou l'entourage. C'est pourquoi la plus grande prudence est recommandée en cas de prescription de benzodiazépines chez des patients souffrant de troubles de la personnalité.

Les traitements médicamenteux de la dépression

En cas de dépression sévère, « caractérisée », il faut consulter un médecin. Celui-ci vous prescrira probablement un antidépresseur. Ce médicament s'avère parfois très efficace et améliore considérablement la qualité de vie. Il est cependant déconseillé d'y avoir recours en cas de dépression légère à modérée. En effet, nombre de personnes guérissent complètement d'une dépression sans prendre le moindre traitement. En outre, le risque d'effets indésirables n'est pas négligeable : prise de poids, maux de tête, confusion, crise de panique, sécheresse de la bouche et constipation.

Les médicaments utilisés pour traiter la dépression ont d'abord été les antidépresseurs tricycliques et les inhibiteurs de la monoamine oxydase ou IMAO ; et plus récemment, les inhibiteurs sélectifs de la recapture de la sérotonine (ISRS) ou les inhibiteurs de la recapture de la sérotonine et de la noradrénaline (IRSN) – avec parfois de bons résultats mais parfois encore des effets indésirables non négligeables. Le lithium et les phénothiazines, une classe de médicaments antipsychotiques, sont utilisés comme sédatifs pour la rémission de la phase maniaque de la psychose maniaco-dépressive.

Comment fonctionnent les antidépresseurs ?

- Dans le cerveau, des substances chimiques appelées neurotransmetteurs agissent sur l'humeur.
- En cas de dépression, ces neurotransmetteurs sont produits en quantité moindre.
- Un antidépresseur agit en augmentant la production des neurotransmetteurs dans le cerveau.
- Certains antidépresseurs (l'amitriptyline, par exemple) ont essentiellement un effet sédatif et peuvent être prescrits chez un patient à la fois anxieux et dépressif. D'autres (l'imipramine, par exemple) n'ont pas d'effet calmant et sont donnés aux personnes souffrant de léthargie.

Les antidépresseurs tricycliques (imipraminiques) regroupent de nombreux produits comme l'amitriptyline, l'amoxapine, la clomipramine, la dosulépine, la doxépine, l'imipramine, la maprotiline, etc.

Les autres antidépresseurs apparentés aux tricycliques regroupent des produits comme l'aprotiline, la miansérine, la viloxazine.

Les antidépresseurs IMAO

Les inhibiteurs de la recapture de la monoamine oxydase favorisent l'augmentation de la production de neurotransmetteurs, ce qui stimule le fonctionnement cérébral. Ils agissent en bloquant l'action d'une des enzymes du cerveau, la monoamine oxydase. C'est pourquoi, en cas de traitement par IMAO, certains médicaments et les aliments riches en tyramine sont contre-indiqués en raison d'un risque d'hypertension artérielle. Si vous souffrez de nausées ou de maux de tête, consultez immédiatement votre médecin. Les patients sous IMAO reçoivent toujours la liste des médicaments et des aliments contre-indiqués. Les principales sources de tyramine sont les fromages (sauf le fromage blanc), les levures et extraits de levure, certains poissons, certains abats et la charcuterie ainsi que les épinards et la choucroute. On pourrait également citer l'alcool, qui, de toute manière, est toujours à éviter voire à proscrire lorsque l'on prend des antidépresseurs.

Après l'arrêt d'un traitement par IMAO, le produit reste présent dans la circulation sanguine pendant au moins deux semaines. C'est pourquoi il faut continuer d'éviter certains médicaments et aliments.

Les antidépresseurs ISRS

Les inhibiteurs sélectifs de la recapture de la sérotonine sont apparus plus récemment. Ils sont plus souvent prescrits, car ils n'ont pas les effets secondaires des tricycliques (sécheresse de la bouche, prise de poids et sédation excessive), mais ils en présentent néanmoins d'autres (risque de nausées, de vomissements, d'agitation et même de risque suicidaire). Les ISRS regroupent le citalopram, l'escitalopram, la fluoxétine, la fluvoxamine, la paroxétine, la sertaline, etc.

La fluoxétine (Prozac®) mérite une mention particulière, car il est le plus connu de tous. S'agit-il d'un remède miracle contre la dépression ? Pour certaines personnes peut-être. Mais il ne convient pas à tout le monde, comme le montrent les témoignages qui suivent. Le mieux est toujours d'en discuter avec son médecin traitant.

Hélène, 49 ans : *J'ai vécu pendant quinze ans le cauchemar de la dépression. Pas un jour ne passait sans que je ne pense à mettre fin à mes jours. On m'avait prescrit plusieurs types d'antidépresseurs, tous aussi inefficaces. Cependant, après avoir pris du Prozac® pendant dix jours, j'ai constaté que j'avais plus de facilité à travailler et plus d'énergie. Je n'osais pas trop y croire et pourtant, je vais de mieux en mieux.*

Mes amis disent que j'ai toujours l'air très « en forme » (ou trop pour certains). J'en ai conscience et aussi du fait que je parle beaucoup plus, mais ça m'est égal. Je me sens heureuse, capable de travailler et de voyager. J'ai bien l'intention de continuer à prendre du Prozac® le restant de ma vie.

Anne, 38 ans : *J'ai souffert de plusieurs épisodes de dépression durant ma vie et je suis toujours parvenue à m'en sortir. L'année dernière, je me suis sentie à nouveau dans le creux de la vague. Mon médecin m'a suggéré de prendre du Prozac®. Le premier jour, j'ai souffert de troubles digestifs, mais j'ai pensé que ce n'était que passager. Le jour suivant, j'ai commencé à me sentir très agitée (bien plus que par le passé). Au cinquième jour, j'étais dans un état épouvantable. J'étais envahie par des pulsions suicidaires (ce qui ne m'était jamais arrivé auparavant). Je n'étais plus capable de dormir ou de manger. Très inquiète, ma famille a appelé mon médecin. Il leur a dit qu'il fallait attendre deux semaines avant que les gélules ne fassent vraiment leur effet. Il insista pour que je poursuive le traitement. Il ne semblait pas voir de lien entre mes pulsions suicidaires et le Prozac®. D'après lui, c'était un symptôme courant de dépression. J'essayais de lui expliquer que je n'avais jamais eu de telles pensées les fois précédentes. Au dixième jour, je décidai d'arrêter le Prozac®, estimant que le remède était pire que le mal. Quel soulagement ! J'étais complètement à plat, mais l'horrible agitation, les nausées et les pensées suicidaires avaient disparu aussi vite qu'elles étaient apparues. Je suis retournée voir mon médecin. Il a réagi en me disant : « Si vous ne prenez pas vos médicaments, comment pouvez-vous espérer aller mieux ? » Sa remarque m'a blessée, car il ne croyait pas que les gélules avaient aggravé mon état. Pourtant, je m'étais sentie en danger. Je me demande combien de patients les médecins peuvent perdre avec un tel comportement !*

Les antidépresseurs IRSN

Les inhibiteurs de la recapture de la sérotonine et de la noradrénaline ont une action double au niveau de la sérotonine et de la noradrénaline. C'est aussi une catégorie d'antidépresseurs la plus prescrite (avec minalcipran, venlafaxine).

L'arrêt des antidépresseurs

Il a fallu de nombreuses années avant de se rendre compte que l'arrêt des tranquillisants et des somnifères, même à de faibles doses thérapeutiques, pouvait entraîner des troubles pour de nombreux patients. **Tout produit ayant un effet sédatif ou stimulant, a un risque potentiel de pharmacodépendance.**

Arrêt progressif des antidépresseurs

Marc, 30 ans : *J'ai pris du Prozac® à deux reprises, pendant environ six mois. La première fois, cela m'avait remis sur pied et motivé pour retrouver du travail et reprendre goût à la vie. Comme j'allais bien, j'avais décidé d'arrêter le traitement. Je sais à présent que c'était une folie, mais j'ai arrêté du jour au lendemain. Deux jours plus tard, les problèmes sont apparus. J'avais mal aux muscles et aux articulations. J'étais léthargique et confus. D'après mon médecin, cela n'avait rien à voir avec l'arrêt du Prozac®. J'avais probablement attrapé un virus. Il m'a fallu environ quatre semaines pour me remettre. Après neuf mois d'accalmie, je me suis remis à broyer du noir. C'est mon épouse qui a suggéré que je reprenne du Prozac®. Le docteur était parfaitement d'accord. Cela fut exactement comme la première fois : j'ai rapidement remonté la pente et estimé, au bout de six mois, que je n'en avais plus besoin. J'ai arrêté alors que j'étais en vacances. Ce fut comme précédemment sauf que là, je savais avec certitude que mes douleurs et mon mal-être venaient du Prozac®. Je n'avais pas envie de me bagarrer avec mon médecin. J'ai donc repris le traitement à la dose prescrite. Quelques jours plus tard, lorsque je me suis senti mieux, j'ai progressivement diminué le dosage jusqu'à arrêter.*

Les avantages et les inconvénients des antidépresseurs

1. Il faut être patient. Un médicament ne fait pas effet en une seule nuit.
2. Soyez vigilant si une prescription est trop souvent renouvelée. Consultez immédiatement en cas d'éruption cutanée, d'effets secondaires importants ou encore si vous prenez ce médicament depuis un certain temps et que tout va pour le mieux.
3. Lorsque l'heure est venue d'arrêter, faites-le progressivement. Il est habituel de ressentir des symptômes de sevrage (parfois très similaires à ceux qui se manifestent lors de l'arrêt de tranquillisants). Soyez patient et évitez de vous ruer sur vos médicaments. Tout finira pour rentrer dans l'ordre.
4. N'espérez pas qu'un antidépresseur règle vos problèmes psychologiques. Ce n'est pas son rôle, mais *le vôtre.*
5. Ne croyez pas qu'il suffise de prendre quelques comprimés pour éviter de modifier également votre mode de vie. Ça ne marchera pas non plus.

6. Évitez les combinaisons hasardeuses. Ne vous amusez pas à changer de médicament ou à les associer ou à les arrêter sans l'avis de votre médecin.

La luminothérapie contre la dépression

La luminothérapie est un moyen efficace pour sortir certaines personnes de leur dépression. Aujourd'hui, les séances d'exposition à une forte luminosité peuvent se faire en milieu médical ou chez soi. Une exposition quotidienne traite la « dépression hivernale » (voir p. 67) et améliore en outre la santé générale, à commencer par le système immunitaire. Demandez conseil à votre médecin.

12

Les raisons physiques de l'anxiété et de la dépression

Les causes physiques

Les troubles psychologiques peuvent s'expliquer par des modifications hormonales (puberté, syndrome prémenstruel, ménopause), une hystérectomie (ablation de l'utérus), une grossesse, certains troubles endocriniens comme un problème thyroïdien, une anémie, une infection ou une douleur chronique.

Cela tient parfois de l'histoire de l'œuf et de la poule : des nerfs mis à rude épreuve créent des dysfonctionnements dans le corps qui, à leur tour, provoquent de l'anxiété ou de la dépression.

L'interaction entre le corps et l'esprit

Il est reconnu que le corps influe sur l'esprit tout comme l'esprit influe sur le corps. Cependant, lorsque quelqu'un est anxieux ou déprimé, il a tendance à se focaliser sur les causes psychologiques et, de ce fait, à négliger les causes physiques. Pourtant, même si le stress est à l'origine d'un problème, un soutien psychologique ne suffit souvent pas pour améliorer la situation du patient. Il faut également traiter les symptômes physiques.

Les allergies : pas toujours d'origine psychologique

L'allergie est en passe de devenir *la* maladie du XXIe siècle. C'est une réaction anormale des tissus du corps à un allergène (une substance étrangère habituellement bien tolérée et non toxique).

Une réaction allergique peut survenir après contact, inhalation ou ingestion d'une substance allergénique. Plus personne ne s'étonne d'un rhume des foins, d'une crise d'asthme ou encore d'une réaction intense à certains aliments. En revanche, il est plus difficile d'admettre que l'allergie chronique à un aliment ou à un produit chimique puisse provoquer, entre autres symptômes, de l'anxiété ou de la dépression. Pourtant, il est important d'y voir la conséquence d'une modification neurobiochimique du cerveau (due aux allergènes) et *non* d'une névrose. Tous les conseils psychologiques de ce livre seront inefficaces si la cause de l'altération de l'humeur résulte d'une allergie au blé (ou autres substances allergéniques).

Les mycoses (candidose et autres)

Depuis une vingtaine d'années, nous savons que de nombreux médicaments (antibiotiques, corticoïdes, pilule contraceptive et, plus récemment, tranquillisants et somnifères) affaiblissent le système immunitaire, ce qui favorise la multiplication rapide d'organismes normalement présents dans l'organisme. Le champignon *Candida albicans* est l'un d'eux. En prenant la place des bactéries bénéfiques du tube digestif, il en perturbe la flore intestinale. Or il faut savoir qu'il produit de nombreux produits chimiques, dont des hormones féminines. C'est probablement l'une des raisons qui explique la fréquence des troubles de l'humeur et d'un syndrome prémenstruel important chez tant de personnes atteintes de candidose.

Étant donné qu'une candidose entraîne de nombreux symptômes, dont anxiété et dépression, le diagnostic établi est souvent celui de maladie psychosomatique (l'esprit affectant le corps). Des personnes chez qui l'on a commis cette erreur de diagnostic ont ainsi perdu des années dans des services de consultation psychiatrique. Le traitement prescrit (toujours plus de médicaments) ne faisait qu'aggraver la situation. Certains se sont alors tournés vers la médecine alternative. Notre corps nous dit souvent ce qui ne va pas si nous choisissons de l'« écouter ». C'est ainsi que des personnes souffrant de candidose ont pu dire : « Je savais que quelque chose, dans mon corps, affectait ma tête. »

Le traitement est efficace mais long : plusieurs mois d'antifongiques – pas toujours des médicaments –, une alimentation adaptée et des compléments alimentaires, dont des vitamines et des sels minéraux. Le yaourt (riche en bactéries bénéfiques) nettoie le tube digestif et s'oppose à la croissance du champignon.

Des investigations sans fin

Les patients souffrant de candidose (et/ou d'allergie) subissent souvent toute une kyrielle d'examens gastro-intestinaux, par endoscopie, dont les résultats sont immanquablement négatifs. Le diagnostic est généralement celui d'une colopathie fonctionnelle, ce qui revient à dire : « Nous n'avons trouvé aucune cause à vos symptômes. » Le régime riche en fibres, d'habitude recommandé, aggrave *toujours* la situation. Ce n'est pas étonnant, car il comporte des aliments qui favorisent la multiplication du *Candida albicans*. La solution serait de suivre un régime alimentaire spécifique. Vous pouvez lire à ce sujet des ouvrages parus sur le thème (voir bibliographie, p. 147).

Les symptômes les plus courants dus au Candida albicans

Ce sont les mycoses des ongles (onychomycose), des pieds (dermatophytose), du cuir chevelu, du nez, des muqueuses de la bouche avec névralgie de la langue (glossalgie) ou encore de la gorge ou du voile du palais. Certaines personnes sont parfois atteintes à plusieurs parties du corps.

On peut aussi retrouver des pertes vaginales, infection du pénis douloureuse avec suppuration, infection buccale, otite (souvent des écoulements aqueux qui rendent la peau sensible autour des oreilles), dépression, anxiété.

Troubles abdominaux : gênes, ballonnements, flatulences, ralentissement du transit, constipation/diarrhée.

Côlon paresseux : une alimentation riche en glucides raffinés (comme le pain blanc, le sucre et les pâtisseries), le manque d'exercices physiques et le stress contribuent à une affection appelée « côlon toxique ». C'est un terrain merveilleusement propice au *Candida albicans*. Les intestins produisent plus de mucus afin de se débarrasser de ces aliments irritants. Le résultat, c'est que ce mucus s'agglutine aux sucres raffinés, provoquant un revêtement collant qui tapisse toute la muqueuse intestinale. Les selles pouvant peser jusqu'à 3,6 kilos sont, non seulement désagréables, mais elles empêchent, en outre, l'absorption de sels minéraux et de vitamines essentiels, et s'opposent à la production d'enzymes (ces substances chimiques indispensables à la digestion du bol alimentaire).

Troubles urinaires : chez certaines personnes nerveuses, le *Candida albicans* est parfois la cause d'une « cystite » qui traîne en longueur. L'examen cytobactériologique de leurs urines ne permet de retrouver aucun organisme expliquant cette soi-disant infection urinaire et les antibiotiques sont inefficaces. Les aliments sucrés et ceux à base de levure ainsi que l'alcool aggravent les symptômes. Consultez toujours un médecin si des problèmes urinaires ou abdominaux persistent. Si l'on ne trouve rien (il n'existe aucun examen fiable pour déceler le *Candida albicans* et, du reste, il est peu probable qu'on le recherche), l'idéal serait de consulter un nutritionniste.

Mycose cutanée : on confond parfois une mycose cutanée avec une éruption cutanée (rash) d'origine psychologique. La mycose cutanée se manifeste sous la forme de taches rouges, sèches et squameuses apparaissant un peu partout sur le corps, mais plus souvent au niveau des pommettes, des sillons naso-labiaux, des oreilles et des mains.

Sensibilité à des aliments et des produits chimiques : le système immunitaire étant affaibli, les allergies alimentaires et chimiques vont souvent de pair avec une mycose. Les troubles le plus souvent cités sont des palpitations, des rougeurs, des maux de tête, des étourdissements, des ballonnements ou des difficultés à respirer après avoir mangé certains aliments ou respiré des vapeurs d'essence, les gaz des pots d'échappement, etc. Il existe plusieurs ouvrages qui vous aideront à découvrir les aliments et les produits chimiques à supprimer mais, si vos symptômes sont sévères, vous devez consulter. Votre médecin vous soumettra à des tests visant à déceler des allergènes responsables de vos problèmes, respiratoires ou autres.

Le syndrome de fatigue chronique

Cette maladie chronique provoque une intense fatigue durable accompagnée de douleurs musculaires et de difficultés à se concentrer et à mémoriser. Cela débute parfois à l'occasion d'une maladie virale (grippe ou autres) qui aboutit, en cas de forme sévère, à l'incapacité de travailler. On a longtemps cru que ces personnes étaient hypocondriaques. Le syndrome de fatigue chronique a été diagnostiqué pour la première fois il y a une soixantaine d'années, mais il n'a été véritablement reconnu que récemment, grâce aux informations recueillies auprès des malades et aux recherches médicales. On le confond souvent avec une maladie mentale, car les symptômes incluent de l'anxiété et/ou de la dépression et de la léthargie. On le nomme parfois « syndrome des yuppies » (pour « Young Urban Professionals », car il frappe surtout la jeune trentaine). Le système immunitaire est atteint et de nombreuses allergies ou mycoses sont possibles.

Les recherches se poursuivent, car il n'existe aucun traitement conventionnel efficace. La médecine alternative a aidé bien des personnes à guérir complètement. Le traitement repose, pour l'heure, sur *le repos*, une alimentation équilibrée et qui prévient toute constipation, le plein air, la lumière du jour, la prise de probiotiques pour restaurer la flore intestinale et toutes les formes de thérapie qui aident à se relaxer et à se soigner par des méthodes naturelles. Les tranquillisants et les antidépresseurs sont a priori déconseillés, car ils ne font qu'ajouter des produits toxiques à un organisme qui lutte déjà pour éliminer les toxines dues à des virus.

La douleur chronique

Les nerfs ne sont pas uniquement mis à rude épreuve à cause de la gêne occasionnée par la douleur chronique, mais également en raison de la tension permanente des muscles. Même si la douleur est légère, il est impossible de se détendre complètement. Rappelez-vous le sapeur-pompier : dès qu'il contracte ses muscles et respire plus vite, son taux d'adrénaline grimpe en flèche. Et il doit poursuivre ainsi, encore et encore, tant que c'est nécessaire, au prix parfois d'anxiété, d'irritabilité et d'autres troubles nerveux. Les personnes qui souffrent ont souvent tendance à respirer exagérément dans l'espoir d'atténuer la douleur. Cette question sera traitée plus longuement au chapitre 16.

Les carences nutritionnelles

Une personne stressée a un besoin considérablement accru de certaines vitamines et sels minéraux. Un manque d'appétit et une difficulté à assimiler provoquent souvent des carences sévères. Même si votre appétit et votre poids sont normaux, il est possible que vous manquiez de vitamines et de sels minéraux.

Signes courants d'une carence en vitamines

1. Langue enflée, douloureuse/lisse/rouge vif ou encore douloureuse et rouge vif à l'extrémité, bourgeons du goût enflés, muqueuse présentant des plaques de formes diverses, langue profondément fissurée, veines sous la langue enflées.
2. Gencives qui saignent, ulcérations buccales, furoncles aux gencives, craquelures aux coins de la bouche, lèvres gercées, herpès récurrent.
3. Cicatrisation lente des plaies, sensation altérée du goût, bleus survenant facilement, chute des cheveux.
4. Crampes et muscles endoloris.

Généralement, ces symptômes disparaissent rapidement avec une supplémentation adaptée. Vous pouvez demander conseil à votre médecin.

Il est important de bien suivre les recommandations afin d'éviter les risques liés à un excès. Par exemple, la prise prolongée de vitamine B6 peut provoquer des problèmes neurologiques. Une forte dose de vitamine D est toxique. Les vitamines du groupe B ont un puissant effet stimulant, souhaitable si vous êtes déprimé, mais non souhaitable si vous êtes anxieux et insomniaque. Certaines vitamines du groupe B (souvent celles qui renferment de la levure) entraînent en outre, parfois, des cystites, du météorisme abdominal, des éruptions cutanées et des démangeaisons de l'anus. Une supplémentation en calcium et en magnésium (plus en chrome en cas de problème de glycémie) sont souvent bénéfiques au système nerveux.

La dépression et l'alimentation

Les troubles de l'humeur résultent parfois d'un déséquilibre acide-base. Une alimentation riche en glucides raffinés et en viande est acidifiante, tandis que des apports importants en fruits et légumes (surtout crus) et en glucides complexes rendent le pH de l'organisme plus basique (alcalin).

Des symptômes psychosomatiques

Nous avons vu que certaines fonctions de l'organisme sont plus particulièrement affectées en cas d'anxiété ou de dépression. Chez certaines personnes, leur peur, leur colère ou leur tristesse se manifeste par des symptômes physiques. On dit qu'elles somatisent. Des souvenirs malheureux expliquent souvent que les symptômes se focalisent en des parties spécifiques du corps. L'événement douloureux resurgit volontiers lorsque la tension est libérée, par exemple à l'épaule lors d'une thérapie corporelle comme un massage. Le patient vient consulter pour une épaule douloureuse, qu'il considère comme d'origine purement physique, et se retrouve peu après en larmes, revivant un incident triste ou effrayant qu'il avait refoulé. Une fois la tension évacuée, la douleur psychologique peut s'exprimer.

Voici quelques exemples de douleurs émotionnelles qui ont permis de soulager une douleur physique.

> Un jeune homme est venu faire soigner une douleur à son genou droit. Il était évident qu'il était également un peu dépressif. La douleur (et la dépression) se manifestait régulièrement depuis plusieurs années. Il n'avait pas signalé sa dépression à son médecin. En fait, il n'avait pas conscience *d'éprouver* de la dépression. Son genou avait été

examiné à plusieurs reprises, mais la cause du problème demeurait inconnue.

Durant sa thérapie, il s'est souvenu de sa mère en train de le frapper alors qu'il était avec elle dans une voiture. Lorsqu'il se disputait avec son frère, c'était son genou droit qui « recevait la punition ». Après s'être remémoré l'incident avec sa mère, il est entré dans une colère noire et a dit : « Cette fois, elle ne me frappera pas. » Sa douleur au genou était revenue après qu'il eut annoncé ses fiançailles à sa mère. Celle-ci avait réagi avec froideur et était devenue distante. Si son genou s'améliorait rapidement, il n'en allait pas de même pour ses émotions. Au début, lorsqu'il avait commencé à dire ce qu'il ressentait, il s'était senti très anxieux, coupable de ses sentiments vis-à-vis de sa mère. Cependant, qui donc l'avait fait souffrir durant tant d'années ? Sa mère lui avait peut-être donné beaucoup d'amour et de soutien, mais uniquement à la condition qu'il agisse comme elle l'entendait. Il était d'un naturel gentil et la perspective d'une confrontation (voir chapitre 7) le mettait mal à l'aise. Il a fini par se persuader que cela devait se faire avec amour, et c'est ce qu'il a fait, s'il voulait vivre sa vie en accord avec lui-même.

Une jeune femme souffrait de phobie : elle était terrorisée à l'idée d'avoir un cancer. Il faut dire que sa mère était morte d'un cancer intestinal à 29 ans. Or elle approchait cet âge et avait la conviction qu'elle subirait le même sort. Pendant plusieurs années, elle s'était plainte de douleurs abdominales. Elle montait et descendait les escaliers en sautant plusieurs fois par jour pour perdre du poids. Les résultats de ses nombreux examens s'étant tous révélés négatifs, elle a fini par se convaincre qu'elle n'avait aucune maladie. En faisant partager ses émotions à d'autres, elle a fini par s'apercevoir que c'était son état de tension permanent qui provoquait ses problèmes abdominaux. Tous ses

> symptômes ont alors disparu. Elle a pris 4,5 kilos et s'est mise à jouer au squash.

Ces exemples ne sont que des illustrations de la manière dont il est possible d'évacuer une douleur psychologique. Il n'est pas toujours nécessaire de se faire suivre par un thérapeute ni de participer à un atelier de soutien. Détendre son corps en nageant ou en faisant du yoga peut avoir le même effet (voir la deuxième partie).

13
L'erreur de diagnostic

Certaines paroles peuvent avoir des effets dévastateurs sur une personne en souffrance. Rien de pire qu'une remarque négative pour faire perdre toute estime de soi et plonger dans le désarroi. Vous est-il jamais arrivé que l'on vous fasse l'une de ces remarques, parfaitement inappropriée ?

- Reprenez-vous !
- C'est juste de l'anxiété.
- Vous êtes seulement un peu déprimé.
- Vous vous complaisez dans la maladie.
- Cette douleur est d'origine nerveuse.
- C'est dans votre tête.

La prochaine fois que quelqu'un vous conseille de vous secouer, répondez-lui calmement : « J'aimerais bien. Peux-tu me dire comment m'y prendre ? » Il y a fort à parier qu'il n'aura rien à vous proposer. Bien évidemment, certaines personnes simulent, mais ce n'est pas une raison pour « montrer du doigt » ceux et celles qui aimeraient tant en finir une bonne fois pour toutes avec leurs troubles psychologiques. Le fardeau à endurer est double : supporter les symptômes pénibles et les remarques assassines du style : « Tu aimes être malade. » Il n'y a pourtant pas de quoi se réjouir lorsque, à force, on se retrouve sans travail et constamment dans la souffrance, en sachant que l'on est en plus une source permanente d'anxiété pour son entourage.

Prenons le cas de Rose. Cette informaticienne de 30 ans a régulièrement consulté durant quatre ans pour des douleurs abdominales. Elle avait l'impression que son médecin ne la prenait pas au sérieux parce qu'elle lui avait parlé d'un épisode dépressif vers ses 20 ans.

Elle n'en pouvait plus d'avoir mal, ni de cette expression, du style « encore vous », qu'elle lisait sur son visage. Il lui prescrivit un antidépresseur qui lui donna des maux de tête et, cerise sur le gâteau, 6 kilos de plus. Avant ses règles, la douleur était insupportable. Cela dura ainsi jusqu'au jour où une cœlioscopie (acte chirurgical) révéla qu'elle souffrait d'une affection gynécologique particulièrement douloureuse…

Des années plus tard, elle éclata en sanglots lors d'une séance de thérapie cognitivo-comportementale, en disant que personne ne s'était jamais excusé ni ne lui avait dit qu'elle « n'avait pas eu de chance ».

Les symptômes imaginaires

Il n'est pas question de nier que cela se produit parfois. C'est source d'irritation pour l'entourage, mais il ne faudrait pas non plus oublier que, souvent, la personne qui exagère ou invente une douleur physique a autant besoin d'attention que celle « réellement » atteinte d'un problème physique. C'est comme un enfant qui se plaindrait de ses jambes alors qu'en fait, c'est sa gorge qui fait mal. Il n'est pas capable de localiser la douleur. Il sait qu'il a mal, mais il n'arrive pas à localiser l'endroit précis.

Une douleur inventée est souvent considérée d'un point de vue moral comme une imposture. C'est peut-être le cas, mais pas à un niveau conscient. Une personne qui n'est pas en souffrance n'ira pas inventer une douleur et se contentera de « vivre sa vie ». C'est peut-être parce que notre éducation nous a appris que la seule douleur acceptable est physique. Bien des personnes n'auront aucune difficulté à annuler un rendez-vous si elles ont, par exemple, la grippe. En revanche, elles se sentiront coupables si elles doivent le faire à cause d'un épisode dépressif. Elles auront alors tendance à inventer un problème physique ou un empêchement familial ou professionnel.

Si un garçon va voir son père pour lui montrer son genou en sang, ce dernier nettoiera sa plaie avant d'y poser un pansement. Mais que se passerait-il s'il lui disait qu'il a peur ou qu'il est triste ? Son père lui répondrait probablement qu'un « grand garçon de 7 ans n'a jamais peur » ou encore « qu'il n'y a aucune raison d'être triste quand on est en vacances ». La douleur psychologique doit être tue. Il n'est donc pas étonnant que les services de psychiatrie soient débordés…

II

Guérir sans médicament

14

Soyez votre propre thérapeute

Vous n'avez peut-être, vous semble-t-il, pas besoin d'aide extérieure et, en outre, vous désirez voir jusqu'où vous pouvez progresser par vous-même. Parfois, les résultats sont vraiment étonnants si l'on décide de s'aimer et de cesser de jouer la comédie et que l'on apprend à se détendre.

La catharsis (la remémoration d'un souvenir jusqu'alors refoulé) et l'abréaction (la décharge émotionnelle qui permet de se libérer d'un affect traumatisant) surviennent parfois spontanément sans traitement. C'est peut-être quelque peu déconcertant si cette personne ignore ce qui se passe, mais l'effet est généralement libérateur. L'exemple de Pauline en est une bonne illustration.

> Pauline avait fait un mariage heureux et elle appréciait son travail à temps partiel. Par le passé, elle avait souffert d'épisodes de dépression, mais sans jamais éprouver le besoin de rechercher de l'aide, car elle parvenait à vivre sans trop de difficultés. Cependant, après le décès de sa mère, elle s'était sentie confuse et très abattue.
>
> Il lui semblait qu'elle réagissait normalement au deuil. En revanche, elle ne s'expliquait pas les bouffées de haine qu'elle éprouvait vis-à-vis de son père, disparu plusieurs

années auparavant. En fait, elle avait oublié qu'il avait été un bien piètre père lorsqu'elle était petite. Elle se mit à rêver de lui. Lorsqu'elle se réveillait, elle était complètement abattue. Elle pensait constamment à lui, de jour comme de nuit.

Un soir, alors qu'elle rentrait du travail particulièrement tendue (un problème de symptôme prémenstruel), elle entendit quelqu'un jouer du piano, dehors. Elle fut submergée par la bouffée de rage qu'elle avait ressentie alors qu'elle avait 9 ans. Son père la secouait comme un prunier parce qu'elle n'avait pas envie d'étudier sa leçon de piano. Sa mère, une personne effacée, la suppliait toujours de se tenir tranquille et de ne pas mettre son père en colère.

Après plusieurs jours d'agitation et de crises de larmes, tout remonta à la surface. Son mari, qui n'en revenait pas, la trouva en train de hurler contre son père qui l'avait maltraitée et contre sa mère qui ne la protégeait pas. Elle éclata ensuite en sanglots, mais elle se sentait déjà incroyablement soulagée. Elle n'avait plus besoin de refouler sa souffrance. Elle pouvait enfin s'en débarrasser. Elle savait que son comportement pouvait sembler enfantin, mais elle n'en avait cure, car cela lui procurait une grande satisfaction. Évacuer tant d'émotions refoulées l'avait complètement vidée, mais, pour la première fois, elle se sentait enfin en accord avec elle-même.

La thérapie cognitivo-comportementale pour modifier sa manière de penser

Ce type de thérapie aide à dépasser les blocages en brisant le cercle vicieux des pensées négatives. Grâce à des encouragements positifs, les pensées qui provoquent de la peur disparaissent peu à peu.

L'autopersuasion

Le terme parle de lui-même. En se répétant des instructions, à voix haute ou dans sa tête, on peut éliminer des habitudes de pensées négatives. Si vous appreniez à jouer un nouveau morceau de piano et que vous butiez toujours sur le même passage, il suffirait de le répéter, encore et encore, pour supprimer la difficulté. Nous pouvons faire pareil pour notre manière de penser. Souvent, cela aide de noter sur le papier des pensées négatives et de les remplacer mentalement, lorsque l'on est détendu, par d'autres positives. Cette manière d'agir deviendra ensuite automatique lorsque vous serez dans une situation inconfortable. Par exemple, une personne effrayée de se confronter à l'autorité (ses parents, son chef...) peut se répéter : « Je ne suis plus un enfant. Je suis en sécurité. Ma confiance grandit, etc. »

Choisissez l'une des formulations proposées ci-dessous, que vous sentez appropriée à votre situation, et ajoutez-y d'autres qui pourraient vous aider. Notez-les sur des fiches.

1. Ce besoin incessant de parler signifie que je suis tendu et que j'ai besoin de me détendre davantage.
2. Je serai patient envers moi-même. Je redeviendrai responsable.
3. Suis-je en train d'aggraver cette crise d'angoisse ? Ai-je faim ? Des difficultés à respirer ?
5. Je vais de mieux en mieux, jour après jour et à chaque instant. Je suis une personne merveilleuse. J'ai le droit d'être en bonne santé.

Avez-vous identifié la ou les peurs qui vous minent ? Les plus courantes sont : la mort, l'autorité, la blessure, la maladie, le vieillissement, la solitude, l'échec, la responsabilité, les relations personnelles et la sexualité.

Les pensées négatives

Certaines de vos pensées négatives résultent peut-être d'une attente irréaliste de la manière dont vous pensez que vous ou d'autres personnes devraient se comporter. Ces pensées vous obnubilent-elles à un point tel que votre vie en est affectée ?

Qu'attendez-vous des autres ? Certaines de vos espérances sont peut-être déraisonnables : on doit m'aimer tout le temps ; s'ils ne font pas ce qu'ils ont dit, c'est qu'ils ne m'aiment pas ; s'il ne remarque pas que je suis fatiguée alors il est impossible qu'il soit amoureux de moi ; si elle n'est pas d'accord avec tout ce que je dis, c'est qu'elle est contre moi ; j'ai besoin d'un engagement total dans une relation (ou n'est-ce pas plutôt un contrôle total ?), etc.

Qu'attendez-vous de vous-même ? La personne la plus cruelle envers vous est souvent... vous-même : si je m'emporte, plus personne ne m'aimera ; si je ne suis pas sur mon trente et un, il ne sera pas amoureux de moi ; si je ne fais pas tout ce qu'elle veut, elle me quittera ; si je n'obtiens pas de bonnes notes, elle ne m'aimera pas ; si je ne rentre pas passer Noël en famille, elle pensera que je ne l'aime pas ; je ne dois montrer aucune faiblesse, etc.

N'auriez-vous pas plutôt trop de soutiens et de réconfort ? Les personnes malades ont souvent besoin d'être dépendantes pendant un certain temps mais, si cela dure trop longtemps, elles ne parviendront pas à guérir (un effet qui est similaire à un traitement médicamenteux prolongé). L'effort nécessaire pour soutenir une personne trop fragile psychologiquement pendant une longue période peut également avoir de sérieuses conséquences sur la santé des proches.

La dépendance aux autres

Les personnes prises au piège par des pensées terrifiantes ou négatives ont souvent besoin d'être, en permanence, rassurées. Cela ne procure qu'un soulagement provisoire et, au bout du compte, la personne en souffrance se retrouve, de plus en plus, dans la demande. C'est ce que l'on pourrait appeler une névrose de réassurance. Cela ne survient pas uniquement lors d'une thérapie, mais également dans une relation entre personnes. Certains deviennent si dépendants de leur partenaire qu'ils ne peuvent pas supporter l'idée d'être loin d'eux, ne serait-ce qu'une minute. Cela met souvent une forte pression dans un couple. La personne en souffrance pense uniquement à sa peur. Elle peut aller jusqu'à vouloir que son partenaire reste éveillé tant qu'elle ne dort pas voire, parfois, jusqu'à refuser de rester seule à la maison, si bien que le conjoint est dans l'obligation de lui trouver une « baby-sitter ».

Si vous trouvez que votre partenaire est trop « exigeant », il faut le lui dire, même si vous risquez une crise de larmes ou de colère. Il n'est ni réaliste ni bénéfique de tout accepter et de vous taire, quelle que soit l'empathie dont vous fassiez preuve. Il est également important d'empêcher la personne en souffrance de rabâcher tout ce qu'elle ressent. Insistez pour qu'elle parle de ses symptômes pendant un temps limité, disons durant 10 ou 15 minutes après le dîner. Au début, elle sera en colère et vous reprochera de ne pas avoir de cœur. Tenez bon et rappelez-lui que l'objectif est qu'elle retourne à la normalité — ce qui ne se fera pas d'un coup de baguette magique.

Traiter cette dépendance. Une thérapie comportementale encouragera la personne suivie à éviter de rechercher des sources extérieures de réconfort, en lui apprenant l'importance à se rassurer elle-même. Bien évidemment, il n'est pas réaliste de s'attendre à ce qu'elle y parvienne sans qu'elle ait compris, au préalable, comment elle réagit ni sans qu'elle sache se détendre.

Rien n'est plus humiliant que le besoin constant d'avoir quelqu'un à ses côtés, physiquement ou par téléphone, afin de parvenir à passer toute une journée. Dans ce cas, vous avez intérêt à utiliser l'autopersuasion (voir p. 105).

15

Apprenez à votre corps à se détendre

Nous avons vu, au chapitre 3, que des muscles crispés peuvent entraîner de l'anxiété. Ainsi, vous pourriez penser : « Je vais détendre mes muscles et mon anxiété va baisser d'un cran. » Malheureusement, ce n'est pas aussi simple que cela. Les muscles ont *l'habitude* de se contracter, ce dont on n'a pas forcément conscience — à moins de réaliser que l'on est en train de marcher avec les épaules plaquées contre les oreilles ou la tête penchée en avant, comme une tortue. Cela ne sera pas facile car, tant que vos muscles n'auront pas repris une position détendue, vous devrez être constamment vigilant. Des études ont montré que chez une personne normale, l'injection de lactate (ce métabolite normalement présent dans les tissus musculaires très sollicités) provoque facilement des crises de panique.

Soyez attentif à votre corps

La tête, plus lourde qu'on ne le croit, pèse environ 9,5 kilos. Si elle est déséquilibrée, cela se répercute sur la totalité du corps. En cas d'anxiété ou de dépression, les muscles sterno-mastoïdiens, placés sur la partie latérale du cou, ont tendance à se contracter ou à se raccourcir. Cela perturbe la respiration, le port de la tête, du cou et des épaules ainsi que toute la musculature qui court le long de la colonne vertébrale jusqu'au bassin — ce qui explique que des tensions soient possibles dans les jambes.

Comment équilibrer sa tête ?

Asseyez-vous sur une chaise, le dos droit mais pas raide. Regardez le sol devant vous, à une distance de quelques pieds de la chaise, sans baisser la tête mais en abaissant les yeux (pour ne pas raccourcir les muscles sterno-mastoïdiens). Gardez les épaules *basses*, puis relevez les yeux jusqu'à pouvoir regarder confortablement la pièce autour de vous. Vous avez trouvé la position correcte pour la tête. Le menton est dirigé vers le bas et non vers l'avant. Quiconque nous a appris à garder le dos droit, la tête haute, les épaules vers l'arrière et le menton relevé ne nous a pas rendu service. En effet, ce n'est pas une position naturelle, ni pour la tête ni pour la colonne vertébrale.

La technique Alexander

La technique Alexander est l'une des plus efficaces qui soit pour corriger une posture et apprendre à bouger sans tension (comme le font les enfants). Elle rééduque en douceur le corps afin qu'il devienne capable de se mobiliser d'une manière qui diminue les tensions et d'adopter ainsi une posture correcte. Cette méthode guide les mouvements de la personne jusqu'à ce qu'elle prenne conscience de ses mauvaises postures. Si vous connaissez un tel thérapeute, l'argent sera dépensé utilement. Plusieurs ouvrages ont par ailleurs été publiés sur le sujet (voir bibliographie).

Soulager rapidement une tension

Cet exercice peut être effectué n'importe où : dans un bus, chez un ami, au bureau, etc. Personne n'a besoin de savoir ce que vous êtes en train de faire.

Asseyez-vous en ayant la tête équilibrée comme indiquée précédemment. Laissez tomber les épaules. Imaginez qu'elles sont un portemanteau et que votre corps est un vêtement mouillé en train de sécher dessus. Vérifiez à nouveau la position de votre tête, puis secouez les bras et posez vos mains, paumes vers le haut, sur vos genoux. Serrez les cuisses l'une contre l'autre, puis laissez-les reprendre leur position initiale. Croisez les chevilles sans les serrer et laissez les genoux retomber de part et d'autre, ou posez simplement les pieds à plat sur le sol.

5 à 10 minutes de relaxation en position couchée

L'idéal est de pratiquer sur le sol, mais vous pouvez également être allongé sur un lit. Cette position couchée augmente l'afflux de sang vers la tête (vous le savez si vous avez déjà eu mal aux dents), soulage la colonne vertébrale du poids dû à la pesanteur et permet au cœur de se reposer. En effet, il faut beaucoup d'énergie pour se tenir debout. Être couché permet également aux os de retrouver leur position naturelle. Nous avons vu que la relaxation est plus efficace si elle est pratiquée après un exercice physique. En voici un, très court, à effectuer avant de vous allonger.

L'exercice du chien mouillé

Ouvrez simplement la bouche et secouez tout le corps, comme si vous étiez un chien mouillé qui voudrait ainsi éliminer l'eau de son pelage. Appuyez-vous contre un mur ou une chaise et secouez chaque jambe. C'est également un bon exercice pour les personnes qui ont peur de trembler (nerveusement) en public. En effet, il faut beaucoup plus d'énergie pour retenir un tremblement que pour l'exécuter. Si vous êtes dehors et que vous êtes gêné par un tremblement intempestif, allez aux toilettes et secouez tout votre corps. Après cela, il est probable que vous ne parviendrez plus à trembler, même si vous en avez envie !

La pièce doit être correctement chauffée et suffisamment spacieuse. Prévoyez une couverture, car on a facilement froid quand on est détendu. D'autres, au contraire, ont chaud et ressentent des picotements. Il est également normal d'avoir l'impression d'être très lourd même si, là aussi, certains, au contraire, se sentent légers. Ne tenez pas compte de ces impressions. Si vous êtes particulièrement tendu, cette pratique devrait devenir aussi importante que le fait de vous laver les dents.

Pour traiter l'anxiété, certains livres préconisent une méthode consistant à contracter puis à relâcher les muscles. Ne suivez surtout pas ce conseil ! Si vous êtes tendu – en particulier si vous avez arrêté de prendre des tranquillisants depuis peu –, vous risquez d'accentuer votre mal-être, voire de provoquer des spasmes musculaires.

Une séance de relaxation plus longue

Voici une méthode très efficace pour se détendre quand on dispose d'un peu plus de temps :

1. Allongé sur le sol, surélevez la tête de 7 à 10 centimètres à l'aide d'un objet lourd (un livre assez épais, par exemple). Pliez les genoux et posez les pieds sur le sol (c'est important si vous avez mal au dos). Si vous ne souffrez pas du dos, vous pouvez vous étirer d'abord pendant 2 minutes avant de plier les genoux.
2. Inspirez longuement, *une fois*, par le nez. Imaginez que tout votre corps se remplit d'air. Relâchez ensuite les mâchoires et expirez lentement l'air par la bouche. Vous devez avoir l'impression de vous enfoncer dans le sol.

3. Mobilisez mentalement chacune des parties du corps trois fois de suite en pensant :
   — Mon bras droit est très lourd.
   — Mon bras gauche est très lourd.
   — Ma jambe droite est très lourde.
   — Ma jambe gauche est très lourde.
   — Tout mon corps est très lourd.

   Mobilisez à présent mentalement tout le corps et pensez, cette fois-ci :
   — Mon bras droit est très chaud.
   — Mon bras gauche est très chaud, etc.

   Et terminez par :
   — Tout mon corps est très chaud.

Imaginez à présent une lumière, blanche et pure, qui envahirait votre corps et l'emplirait d'énergie. Étirez-vous et remuez les doigts et les orteils. Tournez-vous sur un côté, puis asseyez-vous. Attendez un peu avant de vous relever. Cette pratique est toute simple mais, néanmoins, ne soyez pas étonné si, au début, votre corps a du mal. Il faudra peut-être un peu de pratique. N'oubliez pas qu'on ne peut pas obliger le corps à se relâcher lorsqu'on est très tendu. Cela ne ferait qu'aggraver la situation. Continuez de pratiquer chaque jour. Vous constaterez, peu à peu, que vous avez de plus en plus de facilité à vous détendre. Certains muscles seront peut-être un peu douloureux lorsque vous vous relèverez. C'est bon signe : ils ont tiré profit de l'afflux de sang. Cela signifie que votre corps a lâché prise et que les articulations sont parvenues à adopter une position différente. Lorsque vous étiez enfant, n'avez-vous jamais passé un élastique autour du bout de vos doigts ? Les extrémités devenaient engourdies puis, lorsque vous retiriez l'élastique, le sang circulait à nouveau (ce qui explique que les doigts étaient un peu douloureux pendant quelques secondes). C'est la même chose ici pour vos muscles.

Apprenez à utiliser votre corps sans tension inutile

Qu'est-ce que je fais avec ma tête et mon cou ?

- Ma tête est-elle penchée sur un côté ?
- Suis-je dans la position de la tortue ?
- Est-ce que mes épaules sont rejetées vers l'arrière et mon menton pointé vers le haut ?
- Est-ce que je ne crée pas une tension au niveau du cou en me tournant sans cesse vers le même côté ?
- Est-ce que je dois tourner la tête pour regarder la télé, etc. ?
- Est-ce que je mastique toujours du même côté ?

Qu'est-ce que je fais avec mes épaules ?

- Mes épaules sont-elles près des oreilles ?
- Une épaule est-elle plus haute que l'autre ?
- Est-ce que je dirige une épaule, ou les deux, vers l'avant du corps ?
- Est-ce que je serre trop fort mon stylo, le volant, le fer à repasser, mes aiguilles à tricoter, etc. ?
- Est-ce que je remonte les épaules ou tiens la tête penchée sur un côté quand je parle, fais la vaisselle, etc. ?
- Est-ce que j'ai tendance à croiser les bras contre la poitrine ? (Nous agissons ainsi pour nous protéger du monde extérieur et retenir en nous nos peines et nos peurs.)
- Est-ce que je serre souvent les poings ?
- Est-ce que je tiens mon pouce dans une position non naturelle ?
- Est-ce que j'ai tendance à plaquer les bras sur les côtés ?
- Ai-je peur d'utiliser pleinement les muscles qui me permettent de respirer ?

- Est-ce que je contracte l'estomac ? (C'est la cause de nombreux problèmes.)

Lorsqu'un médecin examine le ventre d'un patient souffrant d'une appendicite, ce dernier contracte les muscles à l'endroit où ça fait mal pour se protéger de la pression exercée par les doigts. C'est ce qu'on appelle une « défense musculaire ». Or nous agissons de la même manière avec notre douleur psychique.

Des émotions viscérales

Situé juste sous le diaphragme, près de l'estomac et du foie, le plexus solaire regroupe un grand nombre de nerfs. Cette région du corps, souvent appelée le siège des émotions, innerve les viscères de l'abdomen. Il n'est donc pas étonnant que la langue française soit riche en expressions tournant autour des « tripes » : vivre cela avec ses tripes, prendre aux tripes, ressentir la douleur dans ses tripes... Une personne à « l'estomac noué » risque un ulcère, de la constipation et, chez une femme, des problèmes lors des règles.

Si vous voulez être en bonne santé à l'intérieur, vous devez détendre ces muscles.

Tous les muscles doivent travailler, mais ceux de l'abdomen sont particulièrement importants, car ils jouent un rôle majeur dans la respiration. Nous verrons au chapitre 16 l'importance de bien respirer.

Exercice pour le plexus solaire. Étendez-vous sur le sol ou un lit. Imaginez que votre estomac est une mer et qu'un bateau, avec une voile bleue, flotte dessus. Inspirez ensuite par le nez, lentement mais pas profondément, en visualisant le bateau qui monterait sur une grande vague. Expirez en laissant le bateau retomber. Faites cette respiration une seule fois sans vous inquiéter si votre cœur bat un peu fort.

Massez à présent votre estomac soixante fois, avec beaucoup de légèreté, dans le sens des aiguilles d'une montre. Cet exercice est excellent pour ceux qui souffrent de flatulences.

Qu'est-ce que je fais avec la partie inférieure de mon corps ?

- Est-ce que je crispe les cuisses parce j'ai peur de ne pas arriver aux toilettes à temps ?
- Est-ce que je contracte les muscles du périnée parce que je refuse d'admettre que j'ai une pulsion sexuelle ?
- Est-ce que je marche les jambes raides parce mes chaussures me font mal ? Ou n'est-ce pas plutôt parce que je n'ai pas envie de sortir ?

Utiliser son corps d'une manière symétrique

Lorsque vous aurez découvert les parties de votre corps que vous contractez, vous devrez ensuite étudier si la manière dont vous bougez aggrave le problème voire cause vos tensions. Vérifiez que vous utilisez bien les deux parties de votre corps. Par exemple, portez-vous toujours vos courses du même côté ou attrapez-vous toujours les objets dans vos placards avec le même bras ?

Prendre soin de ses muscles n'a rien d'une perte de temps car, en fait, une personne nerveuse n'arrive même pas à se détendre quand elle dort et se plaint souvent d'être raide de partout. Elle se réveille alors plus fatiguée que la veille au soir.

Les massages

Des muscles contractés ne reçoivent pas les nutriments dont ils ont besoin et évacuent mal les déchets du métabolisme. Ils s'accumulent alors sous forme de microcristaux (un peu comme de la poudre à lessive qui resterait déposée sur le linge après un mauvais rinçage) qu'on peut parfois sentir lors d'un massage. Si les muscles ne sont pas mobilisés, la douleur et la raideur persistent. L'exercice physique améliore la circulation sanguine et permet d'éliminer les cristaux. Le massage est une autre méthode, tout aussi efficace et plus rapide, qui n'a pas nécessairement besoin d'être pratiqué par un professionnel. Les instructions qui suivent éviteront de commettre des erreurs :

- Ne massez jamais une peau abîmée ou qui présente des varicosités.
- Si un muscle est sensible, n'appuyez pas. Exercez une pression très légère.
- Ne massez pas l'avant du corps, le cou, la poitrine et l'abdomen.

Tout en respectant ces consignes, efforcez-vous de faire le vide dans votre esprit, de vous détendre et de laisser agir vos mains. Même si le massage est bref, les personnes ayant été tendues depuis longtemps sont très étonnées de se sentir si bien, au niveau du cou et des épaules.

Masser le cou et les épaules

Instructions pour la personne en souffrance. Certaines personnes (généralement celles qui ont passé toute leur vie à prendre soin des autres) ont beaucoup de mal à laisser quelqu'un les aider. *Soyez* sans inquiétude. Imaginez que vous êtes une poupée de chiffon. Votre masseur se moque bien de savoir si vos vêtements sont de marque ou quand vous avez lavé vos cheveux pour la dernière fois. Tout ce qui lui importe, c'est de soulager vos crispations.

Instructions pour la personne qui masse. Soyez aussi détendu que possible. Expirez quand vous relâchez les épaules. Sentez votre désir d'aider votre partenaire. Vérifiez que son dos est droit mais également détendu. Posez vos mains sur ses épaules pour les abaisser et vérifiez la position de sa tête.

1. Tenez son front d'une main et mobilisez le cuir chevelu avec l'autre main, comme si vous lui laviez les cheveux.
2. Toujours en tenant son front, massez fortement la base du crâne à l'aide du pouce et des autres doigts, en effectuant de petits mouvements circulaires.

3. Mobilisez à présent l'arrière du cou avec les pouces et les index, de part et d'autre des cervicales, en effectuant là aussi de petits mouvements circulaires.
4. Posez vos mains sur ses épaules et effectuez un mouvement circulaire avec le pouce ou la paume pour détendre les muscles. Demandez-lui si vous devez insister sur des endroits précis.
5. Mettez un bras en travers de sa poitrine et demandez-lui de se laisser aller vers l'avant. Avec l'autre main, massez le long de la colonne vertébrale, de part et d'autre (et non dessus). Faites de même autour de l'omoplate. Mettez à présent l'autre bras en travers de sa poitrine et répétez les mêmes mouvements de l'autre côté.
6. Mettez-vous devant votre partenaire. Prenez un de ses poignets et, si l'articulation n'est pas douloureuse, secouez-lui la main en lui demandant d'imaginer un pull mouillé suspendu à une corde à linge. Vous sentirez son bras devenir plus lourd dès qu'il/elle pensera « lourd ». Secouez ensuite son bras une fois. Faites ensuite la même chose de l'autre côté.
7. Mettez-vous derrière. Plaquez sa tête contre votre poitrine et massez ses arcades sourcilières avec les majeurs, en allant du centre vers l'extérieur.
8. Terminez par des caresses légères et rapides, de la tête au bas du dos puis des épaules aux mains.

Après un massage de la tête et du cou, certaines personnes ont envie de dormir. Si c'est le cas, laissez-les se reposer.

Chez une personne très tendue, un massage quotidien est très bénéfique. La valeur thérapeutique du massage est désormais bien reconnue tout comme celle de l'aromathérapie, où l'on applique des huiles essentielles sur la peau (voir bibliographie).

Améliorer la circulation sanguine

Lorsqu'un sapeur-pompier lutte contre un incendie, sa production d'adrénaline est maximale, mais il est si actif qu'il brûle aisément l'excédent. Une fois son travail terminé, il peut se détendre.

Certaines personnes sont si anxieuses qu'elles ont peur de bouger. Elles pensent qu'elles doivent préserver leur énergie afin de pouvoir tenir jusqu'à la fin de la journée. D'autres disent : « Je fais suffisamment d'exercice physique. Je me sens si épuisé à courir dans tous les sens, comme un chat qui aurait reçu de l'eau bouillante. » Trop s'activer dans un état de tension permanente est aussi nocif que de ne rien faire. L'adrénaline en excès n'est pas dépensée lors de l'effort parce qu'en fait, l'organisme fonctionne à plein régime pour faire face à la tension permanente.

Si vous êtes dépressif, bougez !

Si vous souffrez d'une dépression majeure, vous manquez probablement d'énergie. Il vous est difficile de vous traîner de votre lit à une chaise. Cependant, vous guérirez plus vite si vous bougez. Au début, vous devrez peut-être faire un effort surhumain, mais vous ne risquez rien.

Des exercices assis sur une chaise

1. Équilibrez votre tête (voir p. 110). Inspirez profondément tout en levant les épaules. Expirez ensuite la bouche ouverte, en laissant retomber les épaules. Vous devez alors vous sentir comme un ballon crevé.
2. Respirez normalement et rapprochez les épaules des oreilles. Laissez-les ensuite retomber. Faites ce mouvement huit fois.
3. Les bras bien lâches, effectuez huit fois avec chaque épaule un petit cercle dans le sens des aiguilles d'une montre. Faites ensuite la même chose avec les deux épaules.

4. Étirez les deux bras vers le haut sans forcer, puis laissez-les retomber librement.
5. Étirez bien tous les doigts, puis effectuez huit cercles, dans un sens puis dans l'autre, avec les index.
6. Faites travailler les jambes en effectuant les mêmes cercles avec un gros orteil puis l'autre.
7. Si vous n'êtes pas trop fatigué, effectuez debout n'importe quel mouvement de balancement qui vous vient à l'esprit.
8. Terminez en vous secouant comme un chien mouillé.

Ne vous arrêtez pas en si bon chemin. Faites dès que possible de petits étirements. Vous pouvez par exemple monter des marches sur la pointe des pieds pour étirer l'arrière de vos jambes, atteindre une étagère avec vos deux mains puis rester étiré le temps que vous pouvez tenir avant de relâcher. Pendant que votre plat termine sa cuisson dans le four, balancez-vous dans tous les sens, courez sur place ou encore secouez-vous comme un chien mouillé. Avant de prendre un bain, tenez-vous contre la baignoire et pliez vos genoux plusieurs fois de suite. Quand vous regardez la télé, profitez-en pour faire tourner vos chevilles ou massez-vous les mains.

Bouger ainsi, le plus souvent possible, est bénéfique si vous n'avez pas envie de nager, de marcher, de faire du yoga ou une toute autre activité sportive. N'oubliez pas que ça doit circuler !

Améliorer la circulation sanguine en stimulant la peau

En cas de dépression, stimuler la circulation contribue à normaliser la chimie du cerveau et favorise l'élimination des toxines.

Frottez-vous la peau

Si, avant de prendre un bain ou une douche, vous vous frottez la peau pendant dix minutes avec une brosse spécialement conçue à cet effet, vous stimulerez vivement votre circulation sanguine, contribuerez à éliminer les toxines et améliorerez la texture de votre peau. Évitez les endroits sensibles ou abîmés, les grains de beauté et les boutons. Au bout de quelques jours, vous constaterez que les parties normalement rugueuses, comme les genoux, les pieds et les coudes, sont devenues lisses et douces.

Les bienfaits de l'hydrothérapie

L'eau est connue depuis des milliers d'années pour ses vertus curatrices. Sans même l'envisager comme une thérapie, combien de fois ne nous est-il pas arrivé de traîner dans un bain bien chaud afin de détendre des muscles contractés ou, au contraire, de prendre une douche froide pour nous stimuler lorsque nous manquions d'énergie ? Voici quelques suggestions pour tirer le meilleur profit de l'eau.

Les bains froids

Nous connaissons depuis plusieurs siècles les bienfaits de l'eau froide sur le système nerveux et la circulation sanguine. Il semblerait qu'on ait même réussi à guérir de la tuberculose par cette méthode… Plus récemment, des études – comme celle du professeur Kakkarn, qui dirige l'Institut de recherche britannique sur la thrombose – ont ainsi démontré que l'hydrothérapie à l'eau froide stimule la circulation sanguine, ce qui augmente l'oxygène présent dans les cellules de l'organisme. C'est cet effet qui permet d'améliorer ou de guérir tant de pathologies : problèmes circulatoires, sanguins ou lymphatiques, asthme, syndrome de fatigue chronique et troubles hormonaux. Toutefois, comme pour n'importe quelle thérapie, il existe des mises en garde :

- Il est impératif de demander au préalable un accord médical si l'on souffre de pathologie cardiaque, d'hypertension artérielle ou d'une autre maladie chronique nécessitant un traitement médicamenteux.
- Respectez toujours la durée de la séance et la température de l'eau conseillée à chaque étape du programme.
- Cette méthode est contre-indiquée chez les enfants de moins de 13 ans. Si elle est toutefois pratiquée, une surveillance médicale étroite s'impose.
- Ne fumez jamais dans le bain.
- N'essayez jamais de réchauffer rapidement le corps, ensuite, en prenant une douche ou un bain chaud.
- Le meilleur moyen de se réchauffer est de s'habiller rapidement, de prendre une boisson chaude et un aliment riche en glucides qui apportera au corps l'énergie nécessaire pour faire face au besoin de l'activité métabolique accrue.
- Ne pratiquez aucune activité physique après une séance. En revanche, c'est possible avant.

Les quatre étapes de la thérapie

1re étape	Adaptation des pieds à l'eau froide
2e étape	Adaptation de la moitié inférieure du corps à l'eau froide
3e étape	Immersion totale du corps
4e étape	Réchauffement

La thérapie dure 30 minutes par jour et la température de l'eau doit être progressivement abaissée, ce sur une période de quatre-vingts jours.

Massage et bain de pied

Si la perspective de vous immerger dans de l'eau froide ne vous emballe pas, occupez-vous, à la place, de vos pieds. En effet, la peau des pieds est riche en terminaisons nerveuses et il n'est donc pas étonnant que la réflexologie soit si efficace. Vous pouvez aussi masser chaque jour vos pieds pendant dix minutes, pour rééquilibrer le système nerveux et stimuler l'élimination des toxines. La première fois, vous remarquerez que certaines zones sont plus sensibles que d'autres. Peu à peu, grâce au massage, cette sensibilité locale diminuera. Vous pouvez également sentir des endroits plus durs ou rugueux, que vous éliminerez là aussi par le massage.

Une autre solution consiste à prendre un bain de pied pendant trois à cinq minutes dans de l'eau froide ou, mieux encore, de marcher dans l'eau au bord de la mer. Vous stimulerez ainsi la plante des pieds et l'hypothalamus, ce qui améliorera votre métabolisme et vous procurera une sensation de bien-être.

La détoxification par la chaleur

Certains préfèrent la chaleur au froid. Lorsqu'on a de la fièvre, la transpiration qui en résulte est une manière naturelle de détoxifier l'organisme. Vous pouvez obtenir le même résultat en allant au hammam ou au sauna ou, chez vous, en prenant un bain dans lequel vous aurez ajouté du gros sel, des sels de magnésium ou des sels aux algues. Il faut prévoir environ 1 kilo de gros sel ou trois cuillerées bombées de sels de magnésium ou encore une cuillerée bombée de sels aux algues (à mélanger au préalable dans de l'eau froide avant de verser le tout dans l'eau du bain). Ensuite, enveloppez-vous dans une serviette chaude et reposez-vous pendant une demi-heure. Les saunas et les jacuzzis sont également efficaces pour se détendre.

16
Faites-vous de l'hyperventilation ?

L'hyperventilation pulmonaire est une respiration rapide et superficielle qui part de la partie supérieure de la poitrine et non du ventre. L'organisme reçoit alors plus d'oxygène que nécessaire pour son métabolisme. Par conséquent, le sang se trouve appauvri en gaz carbonique, ce qui provoque divers symptômes pouvant imiter la plupart des maladies connues. Le tableau se complique s'il existe une pathologie réelle, organique. La personne risque alors de devoir subir toute une batterie d'examens inutiles : neurologiques, cardiaques, digestifs, etc.

L'hyperventilation et l'anxiété

Le bon fonctionnement de tout système du corps dépend d'un bon rapport entre l'oxygène et le gaz carbonique dans le sang. Par conséquent, il est facile de comprendre qu'un « déséquilibre sanguin » provoque de nombreux troubles. On pensait autrefois que l'anxiété expliquait l'hyperventilation, mais on sait désormais que c'est bien souvent l'inverse. Autrement dit, pour guérir un patient anxieux souffrant d'hyperventilation, mieux vaut lui apprendre à respirer correctement (plutôt que de lui prescrire des médicaments...). L'anxiété ne serait donc pas la cause essentielle, mais jouerait plutôt un rôle déclencheur.

Par ailleurs, certains médecins suggèrent que l'hyperventilation peut aussi être un facteur majeur dans bien d'autres névroses comme les crises de panique et les états phobiques.

Les symptômes de l'hyperventilation

- Fatigue générale
- Muscles douloureux
- Crises de panique
- Sentiment d'irréalité
- Dépersonnalisation
- Vertiges
- Malaises
- Irritabilité
- Dépression
- Anxiété diffuse
- Problèmes de mémoire
- Difficultés de concentration
- Dyspnée *(impression de manquer d'air)*, besoin de prendre une inspiration profonde de temps à autre, besoin fréquent de bâiller ou de soupirer
- Paresthésies *(fourmillements ou engourdissements)* aux mains et aux pieds
- Difficulté à déglutir
- Douleur thoracique
- Douleurs au cou et aux épaules
- Aérophagie (parfois accompagnée de remontée de liquide)
- Colopathie fonctionnelle, flatulences
- Allergies
- Troubles du sommeil
- Troubles de la vue

- Sensibilité accrue à la lumière et au bruit
- Acouphènes *(bourdonnements d'oreille)*
- Majoration de l'effet de l'alcool
- Diminution de la sensation à la douleur

Vous serez certainement d'accord avec moi pour trouver cette énumération familière.

Reconnaître l'hyperventilation

Il est facile de reconnaître une hyperventilation *sévère* : la respiration est rapide, bruyante et saccadée, la poitrine se soulève avec effort tandis que le ventre reste presque immobile. La personne a du mal à respirer et doit, de temps à autre, prendre une respiration profonde. Soupirer à intervalles réguliers semble soulager.

La forme *chronique* est difficile à identifier, car les signes visibles et audibles sont discrets : la respiration est rapide, superficielle et silencieuse, et provient essentiellement de la partie supérieure de la poitrine.

Souvent, la personne est réticente à admettre que c'est sa manière de respirer qui provoque ses symptômes : « J'ai toujours respiré ainsi. Comment cela pourrait-il me rendre si malade ? »

Pour l'en convaincre, il suffit que son médecin l'incite à respirer plus rapidement, lors de la consultation. Elle constatera que ses symptômes (paresthésie, crise de panique, etc.) ne tardent pas à se manifester.

Les facteurs déclencheurs

Les facteurs déclencheurs sont nombreux : tension, dépression, problèmes pulmonaires ou coronaires, nez bouché, allergie, asthme, port de vêtements trop serrés ou d'un corset (en cas de problèmes de dos), bras trop souvent croisés contre la poitrine, douleur physique, tentative pour retenir une douleur émotionnelle.

Devenez conscient de votre respiration

Armez-vous de patience, car il faudra probablement plusieurs semaines avant de pouvoir respirer correctement sans y penser. En vous aidant d'une montre pourvue d'aiguilles pour les secondes, vous allez calculer votre fréquence respiratoire (le nombre de mouvements respiratoires par minute), après un repos préalable d'au moins dix minutes. Rappelons qu'une respiration est une inspiration suivie d'une expiration. Notez le nombre de vos respirations durant 30 secondes, puis multipliez ce chiffre par deux pour obtenir votre fréquence respiratoire. Si elle est supérieure ou égale à seize, vous tirerez profit des exercices qui suivent. Si vous avez du mal à calculer votre fréquence respiratoire, demandez à un proche de s'en charger. Au cas où les exercices vous semblent ennuyeux, le temps passera plus vite si vous en profitez pour écouter à la radio votre émission préférée. L'essentiel est de les *faire*. Cela en vaut vraiment la peine.

Des exercices de respiration

Vous devez respirer lentement et en douceur, sans forcer. L'idéal serait d'effectuer ces exercices deux fois par jour, à raison d'une demi-heure à chaque fois, de préférence après le petit déjeuner et avant le dîner. Si vous souffrez de symptômes sévères, de crises de panique ou d'agoraphobie, n'allez pas croire que cinq minutes suffiront. Asseyez-vous confortablement sur une chaise ou, mieux encore, allongez-vous sur le sol ou un lit, en desserrant vos vêtements. Avec un peu d'entraînement, vous pourrez les effectuer n'importe où, par exemple en faisant la queue.

1. Posez une main sur le ventre et l'autre sur la poitrine. Cette dernière devra être la plus immobile possible. C'est la main posée sur l'abdomen qui va monter et descendre pendant que vous respirez.
2. Expirez par le nez (sans forcer) pour vider le ventre au maximum.
3. Inspirez par le nez en laissant le ventre se lever. Essayez de faire en sorte que l'expiration soit plus longue que l'inspiration.
4. Entraînez-vous à respirer peu à peu entre huit et douze fois par minute (quatre à six inspirations et quatre à six expirations donc).

Les crises de panique et l'hyperventilation

Lors d'une crise de panique, si vous réagissez en pensant : « Je vais mourir, être malade, m'évanouir, vider ma vessie, etc. », cela ne fera qu'en favoriser la survenue. Vous incitez de la sorte votre organisme à produire plus d'adrénaline, ce qui augmente d'autant votre peur. Si vous apprenez à votre corps à envoyer les bons messages au cerveau, vous briserez cette réaction en chaîne. Une personne obnubilée par la perspective d'une crise de panique doit penser, de plus en plus lentement, « respire, respire, respire ». L'effet apaisant est quasi immédiat !

Les bons gestes à suivre en cas de crise

La principale cause de vos symptômes étant un excès d'oxygène, il faut l'en priver le plus rapidement possible. Expirez très lentement, comme pour un long bâillement, puis plaquez vos mains sur votre nez et votre bouche afin de limiter l'arrivée de l'oxygène dans votre organisme. Peu à peu, votre sang se retrouvera saturé de gaz carbonique.

Si vous êtes chez vous, vous pouvez poser un sac en papier (jamais en plastique) sur le nez et respirer. Vous ne devez ni expirer ni souffler fort dans le sac. Laissez faire votre respiration. Elle ralentira peu à peu, naturellement, car le gaz carbonique que vous rejetterez sera piégé dans le sac. Vous pouvez également ralentir votre respiration en vous aspergeant le visage d'eau froide ou en posant un linge froid ou quelque chose de glacé sur les joues et le nez. Ce ne doit pas nécessairement être des glaçons. Un sac de petits pois congelés enveloppé dans un torchon, par exemple, fera parfaitement l'affaire.

Respirer correctement est la première chose à faire. Ensuite, vous avez probablement intérêt à manger ou à boire quelque chose de sucré. En effet, vous allez voir au chapitre suivant l'importance de la stabilité du taux de sucre dans le sang (glycémie). En cas de crise de panique, ingérer un peu de sucre n'est qu'une mesure de première urgence. Prenez ensuite un vrai repas et reposez-vous.

17

Faites-vous de l'hypoglycémie ?

L'hypoglycémie est un manque de sucre dans le sang. Les aliments que nous ingérons sont transformés, par le système digestif, en énergie (glucose) que nous utilisons pour faire fonctionner notre corps (un peu comme de l'essence pour une voiture).

Certaines personnes pensent, à tort, que si elles consomment beaucoup de produits sucrés, elles déborderont d'énergie et leur glycémie sera normale. Nous allons voir que c'est le contraire qui est vrai et qu'il faut limiter le sucre lorsqu'on souffre de problèmes nerveux.

L'hypoglycémie est l'opposé du diabète, une maladie où le pancréas ne parvient pas à produire suffisamment d'insuline (une hormone qui permet de transformer les aliments en énergie). C'est le contraire qui se passe lors d'une hypoglycémie. Le pancréas est trop stimulé, généralement à cause d'un épuisement nerveux, et sécrète par conséquent trop d'insuline. La nourriture que nous ingérons est alors transformée trop rapidement en énergie. Notre organisme est dépassé et n'arrive plus à stabiliser le taux de sucre qui circule dans le sang.

L'hypoglycémie est-elle une maladie ?

Il ne s'agit pas, en soi, d'une pathologie, mais tout incite à penser désormais qu'un manque de sucre dans le sang prédispose à certaines maladies chroniques comme l'arthrose, l'ulcère, la migraine, l'allergie ou le diabète. Il est fréquent de retrouver, chez une personne souffrant d'hypoglycémie, ces antécédents familiaux.

Cependant, il existe un remède simple et efficace pour soigner une hypoglycémie : modifier ses habitudes alimentaires, voire, si besoin, manger moins.

Les symptômes d'une hypoglycémie

La vie d'un grand nombre de personnes s'est trouvée métamorphosée dès que l'on a diagnostiqué et traité leur hypoglycémie. Leurs crises de panique ont disparu. De plus, elles ont cessé d'être constamment fatiguées, leur capacité de concentration s'est améliorée et leur besoin irrépressible d'aliments riches en sucres et/ou d'alcool a disparu.

Les symptômes les plus courants sont les suivants :

- Vision trouble
- Maux de tête
- Évanouissement
- Crise d'épilepsie
- Migraine
- Somnolence
- Teint jaune
- Irritabilité
- Difficulté de concentration
- Sensation de panique
- Trouble de la coordination
- Alcoolisme

- Hyperactivité
- Anxiété diffuse
- Dépression
- Asthme
- Indigestion
- Douleur thoracique
- Palpitations
- Impression de trembler de l'intérieur
- Brûlures d'estomac *(excès d'acidité)*
- Obésité, besoin compulsif de manger
- Tabagisme
- Allergie
- Syndrome prémenstruel
- Perte de la libido
- Mains et pieds froids
- Raideur musculaire
- Raideur articulaire

Les autres symptômes possibles sont : un état de confusion le matin, une faiblesse soudaine avec l'impression d'être dans du coton au milieu de la matinée ou de l'après-midi, le besoin de manger quelque chose de sucré une heure après le repas, un réveil nocturne parce qu'on se sent affamé et anxieux.

Bien évidemment, la plupart de ces symptômes peuvent résulter d'autres types de problèmes. Si vous ne constatez aucune amélioration après avoir suivi le régime proposé plus loin, il ne s'agit probablement pas d'une hypoglycémie et vous devez consulter un médecin.

Les causes d'une hypoglycémie

Une hypoglycémie peut être due à toutes sortes de raisons : épuisement nerveux, insuffisance de l'hypophyse, de la thyroïde ou des surrénales, activité physique trop intense, repas sauté, alimentation trop riche en glucides rapides (sucre, sucreries, chocolat, gâteaux, biscuits, pain blanc, viennoiseries), excès d'alcool, de boissons sucrées ou de caféine, tabagisme, prise de drogue ou de médicaments (pilule contraceptive, corticoïdes, tranquillisants, somnifères et bêtabloquants). *Attention :* vous devez toujours demander l'avis de votre médecin avant de diminuer ou d'arrêter un traitement prescrit.

Cette liste montre qu'il est relativement facile de déséquilibrer la glycémie, ce qui explique la fréquence de ce type de problème. En outre, l'hypoglycémie serait en augmentation croissante à cause d'une prise de plus en plus importante de médicaments et d'une alimentation de moins en moins équilibrée. Ces symptômes étant parfois impressionnants, ils évoquent souvent, à tort, une pathologie plus grave. Tout comme pour l'hyperventilation, les personnes souffrant d'hypoglycémie sont elles aussi trop facilement soumises à des examens aussi nombreux qu'inutiles.

On pourrait argumenter en disant que chaque émotion possède son « jumeau » physique. Là aussi, c'est l'histoire de l'œuf et de la poule. Est-ce l'hypoglycémie qui entraîne l'épuisement nerveux ou le contraire ? Tout incite à penser que les modifications physiques *précèdent celles psychologiques* (troubles de l'humeur, crises de panique, etc.) et, du reste, c'est logique. Il y a en effet fort à parier qu'un dysfonctionnement métabolique finira par retentir sur la personnalité.

Les crises de panique et l'hypoglycémie

Les crises de panique sont, de loin, le symptôme le plus alarmant d'une hypoglycémie. Voici comment cela survient :

La digestion d'un repas équilibré maintient la glycémie stable. Lorsqu'on est à jeun, le taux de sucre dans le sang chute et, afin que nos organes puissent continuer à fonctionner (système nerveux, muscles, etc.), notre organisme doit puiser dans nos réserves en utilisant le glucose stocké dans le foie. Cela se passe de la manière suivante. L'estomac indique au cerveau que les réserves sont vides. Le cerveau réagit en envoyant un messager chimique (de l'adrénaline, bien sûr) pour que le glucose soit libéré du foie. Malheureusement, comme nous l'avons déjà vu précédemment, un excès d'adrénaline provoque des réactions très désagréables, dont justement des crises de panique.

Certains ont beaucoup de mal à admettre que leur manière de s'alimenter, ou de ne pas s'alimenter, soit responsable de leurs crises de panique. Ils rechignent également à croire que s'ils mangent trop d'aliments raffinés et sucrés (viennoiseries, pain de mie industriel, etc.), le résultat sera souvent pire que s'ils avaient sauté un repas.

Explication succincte

Au chapitre précédent, sur l'hyperventilation, nous avons vu que la quantité de gaz carbonique présente dans le sang n'avait pas besoin d'être très inférieure à la normale pour aboutir à des symptômes sévères, comme une crise de panique justement. Le raisonnement est le même pour la glycémie : c'est la *modification* du taux de sucre dans le sang qui est le facteur important. Des études bien documentées confirment qu'une *légère* diminution de la glycémie par rapport à la normale suffit pour provoquer, entre autres symptômes, une véritable crise de panique.

Si vous mangez un aliment sucré, surtout si vous avez très faim, le pancréas (qui fonctionne déjà à plein régime) va produire plus d'insuline que nécessaire pour faire face à l'afflux de sucre dans le sang. Le résultat sera une chute brutale de la glycémie suivie d'une décharge d'adrénaline.

Quelques exemples

> Un jour, Laura est arrivée à la réunion de groupe en pleurs, disant qu'elle venait d'avoir une crise de panique et qu'il ne pouvait pas s'agir d'hypoglycémie étant donné

qu'elle avait pris le temps de manger. Lorsqu'il s'avéra que son repas avait consisté en un toast et un gâteau à la crème avec deux expressos et une cigarette, les autres membres du groupe se doutèrent de ce qui s'était passé. Ils l'aidèrent à comprendre comment ses crises de panique se déclenchent.

Le jeudi, elle passe toujours la soirée avec ses copines et commande habituellement un gin tonic et parfois un second, suivi d'un café et d'une pâtisserie. En semaine, elle mange bien le soir, sauf le dimanche où elle partage des sandwichs et des gâteaux avec sa mère. Le problème vient donc des jeudis et des dimanches soir. Il a suffi qu'elle prenne plutôt, le jeudi soir, une petite assiette de fromages avec un verre de vin blanc sec et, le dimanche, une salade au thon avec du pain complet ou un autre plat équilibré pour ne plus avoir de crise de panique.

Remarque : si vous déstabilisez votre glycémie, il faut parfois attendre le milieu de la nuit ou le lendemain pour voir surgir un problème.

Depuis plusieurs mois, Julien souffre de crises de panique. Tout a commencé lorsqu'il a arrêté de fumer. Il a très envie de faire l'essai de supprimer les sucres rapides et raffinés, car il suspecte que ses migraines sont dues aux repas qu'il saute. Quatre semaines plus tard, il est satisfait du résultat. Il n'a eu que trois crises de panique, nettement plus légères que d'habitude. En outre, deux ont été déclenchées par un dîner décalé dans la soirée, précédé, de plus, par une bière. Ses maux de tête se sont également améliorés.

Les personnes les plus sujettes à l'hypoglycémie

Nous faisons tous, un jour ou l'autre, de l'hypoglycémie à un degré plus ou moins important. Et vous avez probablement déjà vu un enfant, pleurant pour un oui pour un non, métamorphosé après avoir mangé. De même, surtout si vous n'avez pratiquement rien avalé le matin, il vous sera certainement arrivé de vous sentir faible et confus, vers 11 heures, et de retrouver toute votre énergie après avoir pris quelque chose. De même, les désagréments d'une gueule de bois s'expliquent en grande partie par une glycémie trop basse.

Les personnes qui risquent le plus de souffrir d'une forme sévère d'hypoglycémie sont celles qui cherchent à maigrir, qui sont trop nerveuses et les athlètes.

L'addiction et l'hypoglycémie

De nombreuses drogues au sens large (produits illicites, alcool, tabac, tranquillisants et somnifères) augmentent artificiellement le taux de sucre dans le sang. Lorsque la quantité de « drogue » dans le sang chute, il en va de même pour la glycémie. Du reste, on confond souvent les symptômes dus à un sevrage ou à l'arrêt d'un médicament avec ceux d'une hypoglycémie parce que, dans les deux cas, il peut y avoir des maux de tête, de l'anxiété, de la dépression, des tremblements, etc. S'il est difficile d'y voir clair, il est en revanche *absolument certain que ceux qui arrêtent une « drogue » y parviendront plus rapidement et efficacement, sans avoir besoin de prendre à la place d'autres produits, s'ils suivent un régime anti-hypoglycémie*. On constate, par exemple, que ceux qui cessent de boire ont souvent tendance à se rabattre sur les tranquillisants (l'inverse est également vrai).

Il est très important que les personnes qui sont dans ce cas suivent un régime « anti-hypoglycémie », surtout s'il existe des antécédents familiaux d'asthme, d'arthrose, d'allergie et de tous ces autres problèmes liés à l'hypoglycémie. Il serait également plus avisé de débuter ce régime trois à quatre semaines *avant* d'arrêter de fumer, de boire, etc., ou de diminuer la posologie de tranquillisants ou de somnifères.

Un régime « anti-hypoglycémie »

Ce programme vise à stabiliser votre glycémie. *Remarque :* si votre médecin vous a déjà donné un régime à suivre, demandez-lui conseil avant de le remplacer par celui-ci.

Principes de base

L'objectif est d'éviter les aliments trop rapidement assimilés par l'organisme, et ce, pour éviter les fluctuations importantes du taux de sucre dans le sang.

Glucides

Évitez ou limitez le plus possible les sucres raffinés : sucre pur, confiture, sucreries, chocolat, pain blanc, farine blanche, gâteaux, biscuits, viennoiseries, pâtisseries, alcool, boissons sucrées, aliments industriels gras et sucrés, etc.

Privilégiez les sucres non raffinés (complexes) : toutes les céréales complètes (blé, épeautre, orge, riz, millet, avoine, quinoa, etc.), le sarrasin complet, etc.

Renoncez aux céréales industrielles au petit déjeuner et préparez votre propre müesli à partir d'avoine, de fruits secs oléagineux (noix, noisettes, etc.), de graines (celles de tournesol, de citrouille et de sésame sont très nutritives) et de fruits secs (raisins, abricots, etc.). Si vous aviez l'habitude de manger du pain industriel, optez pour le pain complet aux céréales et, si vous preniez auparavant du pain complet, vérifiez qu'il soit aux céréales.

Protéines

Protéines d'origine animale : viande rouge, poisson, volaille, fromage, œuf, lait et laitages.

Protéines d'origine végétale : fruits secs oléagineux, graines, légumineuses (haricots secs, pois cassés, pois chiches, lentilles, etc.).

Les avis sont partagés quant à la question de savoir quelle proportion de protéines il faudrait manger. Les premiers régimes anti-hypoglycémie étaient très riches en protéines. Ils étaient indéniablement efficaces pour stabiliser la glycémie, mais, selon des études récentes, l'organisme n'apprécierait pas des apports trop importants en protéines. Des quantités moindres seraient tout aussi efficaces pour éviter une hypoglycémie, surtout si l'on consomme par ailleurs beaucoup de légumes crus.

Fruits et légumes

Mangez beaucoup de légumes et de fruits frais (à chaque repas et en quantité suffisante). Ils vous apporteront les vitamines, les sels minéraux et les fibres dont vous avez besoin. Certaines personnes sont devenues obsédées des fibres, ajoutant du son dans tous leurs plats. Ce n'est pas une bonne idée, car les fibres irritent les intestins et s'opposent à l'assimilation de certains sels minéraux. Manger des légumes est un moyen plus efficace pour faire le plein de fibres.

Lipides

Beaucoup sont obnubilés par leur taux de cholestérol. La prochaine fois que vous serez sur le point de tartiner votre pain de margarine allégée (qui renferme probablement, il est vrai, divers additifs pas toujours conseillés pour la santé), rappelez-vous que s'inquiéter à ce sujet *et* ne pas manger de fruits et de légumes est, en fait, aussi dommageable qu'une quantité modérée de beurre. Par ailleurs, divers aliments (oignons, ail, pommes et huiles d'olive) *diminuent* le taux de cholestérol. Enfin, l'huile d'olive et de colza sont riches en bons acides gras bénéfiques pour la santé.

Votre régime « anti-hypoglycémie »

Au réveil	- 1 orange pressée ou ½ pamplemousse.
Petit déjeuner	- 1 autre fruit, entier ou en jus (facultatif). - 1 thé léger avec éventuellement du lait ou un café, lui aussi léger. Mais aussi, au choix : *Petit déjeuner complet :* - 1 part de protéines : poisson, œufs, légumineuses, jambon blanc… - 1 légume d'accompagnement : tomate ou champignons, par exemple. - 1 tranche de pain complet (ou 2 galettes de riz, 2 pains scandinaves Krisprolls, etc.) avec du beurre ou de la margarine. *Version express :* - Porridge à l'avoine complet avec 1 poignée de raisins secs OU müesli préparé avec des céréales complètes, des fruits secs oléagineux, des graines (de tournesol, de citrouille, etc.) OU yaourt ou fromage blanc nature avec des fruits frais et des fruits secs oléagineux auxquels vous pouvez ajouter des épices : cannelle, gingembre, cardamome en poudre, etc.
Dans la matinée	En-cas au choix : fruit, yaourt, fruits secs oléagineux, lait.
Déjeuner	- Des protéines d'origine animale ou végétale : viande, poisson, œufs, fromage ou des légumineuses. - 1 belle portion de légumes (de la salade peut parfaitement convenir). - 1 tranche de pain complet ou 2 tranches de pain scandinave.

Dans l'après-midi	Au choix, selon l'appétit de chacun : thé léger, lait, pain scandinave ou galette de riz avec du fromage blanc.
30 minutes à 1 heure avant le dîner	- 100 ml de jus de fruits frais.
Dîner	Même principe que pour le déjeuner : - 1 part de protéines. - 1 belle portion de légumes. - Pain scandinave ou complet avec du beurre et/ou du fromage frais. - 1 fruit. - Thé léger ou tisane.

Vous pouvez avoir l'impression que cela fait beaucoup de nourriture, mais le but n'est pas de manger de grandes quantités : peu et souvent, telle est la règle de ce régime anti-hypoglycémie.

Par ailleurs, cette nouvelle manière de s'alimenter ne doit pas constituer un facteur supplémentaire de stress. Dès que vos symptômes se seront améliorés, vous pourrez envisager de faire quelques écarts en ajoutant, par exemple, un verre de vin blanc sec ou une part de gâteau. Au début, bien des personnes sont véritablement en « manque » de sucre, avec tous les signes classiques habituels : mal-être, douleurs, etc. Cela disparaît au bout de quelques jours. Vous ne devriez pas tarder à constater que, grâce à ce régime, vous avez beaucoup plus d'énergie que précédemment. Du reste, s'il vous prenait l'envie de retourner à vos mauvaises habitudes, vous constateriez probablement que cela ne vous procure plus de plaisir et que vous préférez, désormais, privilégier les fruits et les légumes.

Ce qu'il faut faire et ne pas faire

- Ne sautez aucun repas.
- Mangez régulièrement.
- Évitez les boissons et les aliments sucrés, et la farine blanche.
- Diminuez votre consommation de caféine, d'alcool et de tabac.
- Prévoyez toujours une source de protéines au petit déjeuner.
- Ne faites jamais un repas composé exclusivement de féculents (pain, pâtisserie, céréales, etc.).

Le surpoids

Si vous êtes en surpoids ou obèse, vous devriez constater un amaigrissement, car ce régime est pauvre en glucides. Si ce n'est pas le cas, supprimez *toutes* les céréales ou diminuez les quantités de chaque repas, mais continuez de manger régulièrement. N'oubliez pas que, pour perdre du poids, les périodes entre chaque repas ne doivent pas être trop longues. De cette manière, vous éviterez d'avoir envie de vous ruer sur tous les aliments qui vous sont interdits. Si, au bout de plusieurs semaines, votre poids n'a pas bougé, consultez un médecin ou un nutritionniste, car la cause est peut-être d'origine médicale, comme une hypothyroïdie par exemple.

La maigreur

Certaines personnes habituées à manger gras et sucré perdent, dans un premier temps, du poids avant de se mettre à grossir. Si vous voulez prendre quelques kilos supplémentaires, mangez plus de pommes de terre, de pain, de riz et autres féculents, et prenez des boissons lactées. Vous devriez constater une amélioration. Si votre poids reste trop bas, il faudra consulter un médecin, mais donnez au préalable à votre corps le temps de s'adapter à votre nouveau régime alimentaire.

18

Quelques règles de base pour combattre la dépression et l'anxiété

La dépression

1. Bougez. Il faut que ça circule !
2. Ne traînez pas au lit. Levez-vous tous les jours à la même heure (9 heures au plus tard).
3. Même si vous ne pouvez pas faire grand-chose, faites quelque chose. Vous vous y remettrez si besoin le lendemain.
4. Mangez des aliments sains et équilibrés, à des horaires réguliers.
5. Essayez de marcher 20 minutes aux heures chaudes. Ne portez pas de lunettes de soleil. Si la lumière est trop violente pour vos yeux, asseyez-vous près d'une fenêtre ouverte.
6. Faites de l'exercice physique. Obligez vos muscles à se mobiliser. Faites aussi des exercices de respiration.
7. Couchez-vous tôt.

Chaque jour, de toutes les manières, vous irez de mieux en mieux. Soyez-en convaincu. Ça marche !

L'anxiété

1. Ralentissez le rythme.
2. Faites un peu de relaxation et mangez des aliments sains et équilibrés, à des horaires réguliers.
3. Reposez-vous au milieu de la journée.
4. Faites des exercices de respiration.
5. Soyez le plus possible à l'extérieur et pratiquez si possible une activité physique en plein air.
6. Utilisez l'autopersuasion.
7. Couchez-vous tôt.

19
Et la spiritualité ?

« Un cœur joyeux est un bon remède. Mais un esprit abattu asséché dessèche les os. »

Proverbes, 17. 22

J'ai laissé ce chapitre pour la fin, non que je le considère comme moins important, mais afin d'éviter qu'un lecteur ne réagisse en pensant : « Encore des bondieuseries ! Ça ne m'intéresse pas. »

J'avoue en outre avoir hésité à cause de mon manque de confiance sur ce sujet. Mes connaissances sont sommaires et je me sentais mal armée pour écrire sur la santé spirituelle. Ce serait simple si je pouvais vous dire, aussi facilement que précédemment : mangez ainsi et vous vous sentirez mieux ou respirez de cette manière pour voir disparaître vos crises de panique.

Je tiens enfin à m'excuser auprès des lecteurs d'autres confessions, car je ne peux parler que de ce que je connais : la chrétienté.

Lorsqu'ils font l'expérience d'une maladie psychique (ou, du reste, de n'importe quelle maladie), bien des gens prennent conscience de quelque chose qui les dépasse, qui va bien au-delà du monde dans lequel ils vivent. Souvent, même s'ils vont mal physiquement, ils irradient d'une lueur intérieure qui n'a rien à voir avec un teint lumineux ou des cheveux resplendissants.

Cela s'explique, me semble-t-il, par un esprit en paix, confiant dans la connaissance de là où il va.

Qu'est-ce que l'esprit ?

Je crois que c'est cette partie de nous qui défie la mort : notre étincelle divine, notre essence, notre âme, notre personnalité, la partie de notre être qui est uniquement *nous*, celle qui choisit la voie à prendre, bonne ou mauvaise, et qui héberge en son sein l'amour et la connaissance qui nous emporteront dans l'au-delà.

Ce qui nous éloigne de la spiritualité

L'anxiété, la dépression, les médicaments et les produits addictifs peuvent nous empêcher de grandir spirituellement. L'absence de pardon et le fait d'être agrippé à une indignation vertueuse (souvent dus à une piètre estime de soi) nous empêchent également d'aller de l'avant. Certaines personnes fuient Dieu parce qu'elles croient, à tort, devoir être « bonnes » ou croyantes pour être en contact avec Lui. Or Il nous accepte tels que nous sommes. Il est toujours prêt à pardonner nos erreurs.

Dans le passé, certains enseignements religieux ont eu des effets désastreux en parlant des « flammes de l'enfer et de la damnation ». Si vous avez vécu une telle expérience, essayez de passer outre. Lorsque vous serez devenu authentique (voir le chapitre 7), vous verrez à quel point Dieu est bien réel. Il vous demande d'aller à Lui comme de petits enfants. Il n'est nul besoin de rendre cela plus compliqué.

Lectures conseillées

Besson, Philippe-Gaston, *Acide-base : une dynamique vitale. Pour une qualité de vie équilibrée*, Odile Jacob, 2007.

Besson, Philippe-Gaston, *Je me sens mal, mais je ne sais pas pourquoi : la candidose chronique, une maladie méconnue*, Jouvence, 2003.

Brennan, Richard, *La Technique Alexander*, Les Éditions de l'Homme, 2006.

Cornet, Philippe et Masseboeuf, Nathalie, *Guide nutrition et santé*, Vidal, 2006.

Curtay, Jean-Paul et Schotter, Élisabeth, *Nutrithérapie : bases scientifiques et pratiques*, Testez, 2006.

Downing, Damien et Celle, Jean, *Du bon usage du soleil*, Jouvence, 2006.

Dukan, Pierre, *Dictionnaire de diététique et de nutrition*, Le Livre de Poche, 2002.

Festy, Danièle, *100 réflexes aromathérapie : je me soigne avec les huiles essentielles*, Leduc.s Éditions, 2008.

Festy, Danièle, *Mes 15 huiles essentielles*, Leduc.s Éditions, 2006.

Festy, Danièle et Dufour, Anne, *Les Huiles essentielles, ça marche !*, Leduc.s Éditions, 2003.

Grosgogeat, Hervé, *La Méthode acide-base*, Odile Jacob, 2007.

Holford, Patrick, *Santé et nutrition. 500 questions réponses*, Équilibre, 2005.

Kabat-Zinn, Jon, *Apprendre à méditer pour se libérer du stress et des tensions profondes*, J'ai Lu, 2005.

Kraske, Eva-Maria, *Équilibre Acide Base*, Vigot, 2001.

Lemoine, Patrick, *Dépression*, Larousse, 2006.

Macdonald, Robert, *Technique Alexander*, Evergreen, 2006.
Pierpaoli, Walter, Regelson, William et Colman, Carol, *Le Miracle de la mélatonine*, Robert Laffont, 1999.
Réquéna, Yves et Borrel, Marie, *Soigner la dépression par la médecine chinoise*, Guy Trédaniel Éditeur, 2006.
Searby, Joe, *La Technique Alexander. Des exercices et des inspirations pour votre bien-être*, Evergreen, 2007.
Weekes, Claire, *Vivez bien avec vos nerfs*, Les Écrits de France, 1970.
Zarifian, Édouard, *Le Prix du bien-être : psychotropes et société*, Odile Jacob, 1996.
Zarifian, Édouard, *Le Goût de vivre : retrouver la parole perdue*, Odile Jacob, 2005.

Agence française de sécurité sanitaire des produits de santé. Les troubles du comportement liés à l'utilisation des benzodiazépines et produits apparentés. Mise au point : Afssaps, septembre 2001. Disponible sur www.afssaps.sante.fr dans « Sécurité sanitaire et vigilances ».

Adresses et références utiles

AFTA (Association française des troubles anxieux)
www.afta-anxiete.org
Informations, conseils et références sur l'anxiété normale et pathologique.

AFTC (Association française de thérapie comportementale et cognitive)
100, rue de la Santé – 75674 Paris Cedex 14
Tél. : 01 45 88 35 28
www.aftcc.org
Pour une psychothérapie de soutien.

Association CEILT (Centre européen d'information sur la luminothérapie)
Pôle 2000, BP 113 – 07131 Saint-Peray Cedex
Tél. : 04 75 81 85 40
www.luminotherapy.com
Promotion de la luminothérapie.

Association France-Dépression
www.france-depression.org
Groupes de paroles et soutien aux personnes souffrant de dépression et de psychose maniaco-dépressive.

Centre de thérapie familiale Monceau – Famillia
91, rue Saint-Lazare
75009 Paris
Tél. : 01 53 20 11 50
www.centre.monceau.com
Promotion de la thérapie familiale.

Centre Pluralis
29, rue François-Ier – 75008 Paris
Tél. : 01 47 20 60 99
www.pluralis.org
Approche pluridisciplinaire : bilans, conseils psychologiques et psychothérapies.

Écoute famille
Tél. : 01 42 63 03 03
Ligne d'écoute destinée aux familles ayant un proche en souffrance psychique.

IFAS (Institut français de l'anxiété et du stress)
5, rue Kepler – 75116 Paris
Tél. : 01 53 23 05 20
www.ifas.net
Gestion des conflits uniquement en entreprise.

Société française de thérapie familiale psychanalytique
7, rue Ernest-Cresson – 75014 Paris
Tél. : 01 45 40 08 10
www.psychanalyse-familiale.org
Promotion de la thérapie familiale psychanalytique.

SOS Amitié
11, rue des Immeubles-Industriels – 75011 Paris
Tél. : 01 40 09 15 22
www.sos-amitie.com
Écoute anonyme et gratuite pour aider à retrouver le goût de vivre.

SOS Dépression
162, boulevard Montparnasse – 75014 Paris
Tél. : 01 40 47 95 95
http://sos.depression.free.fr
Écoute, orientation et aide de spécialistes.

UNAFAM (Union nationale des amis et des familles de malades psychiques)
12, villa Compoint – 75017 Paris
Tél. : 01 53 06 30 43
www.unafam.org
Groupes de paroles et soutien aux proches confrontés à la maladie psychique.

Index

Table des matières

Pour recevoir notre catalogue, merci de bien vouloir découper, photocopier ou recopier ce questionnaire et nous le retourner complété :

Éditions Leduc.s
33 rue Linné
75005 Paris

Vous pouvez aussi répondre à ce questionnaire sur Internet :

www.leduc-s.com

NOM : ....

PRÉNOM : ....

ADRESSE : ....

....

CODE POSTAL : ....

VILLE : ....

PAYS : ....

ADRESSE@MAIL : ....

ÂGE : ....

PROFESSION : ....

Titre de l'ouvrage dans lequel est insérée cette page :

Comment se débarrasser de l'anxiété et de la dépression

Lieu d'achat : ....

Avez-vous une suggestion à nous faire ?

....

....

....

À ....   LE ....

Conformément à la loi Informatique et Libertés du 6 janvier 1978, vous disposez d'un droit d'accès et de rectification aux données personnelles vous concernant.

Découvrez aussi, dans la même collection :

Comment guérir du mal d'amour
Patricia Delahaie
De la rupture à la reconstruction en 5 étapes
ISBN : 978-2-84899-224-2
216 pages – 14,90 €

Comment s'aimer toujours
Patricia Delahaie
Les 7 piliers du bonheur à 2
ISBN : 978-2-84899-098-9
192 pages – 14,90 €

Ces petits riens qui changent tout
Susan et Larry Terkel
ISBN : 978-2-84899-147-4
240 pages – 14,90 €

Comment plaire en 3 minutes
Patricia Delahaie
Oui, tout se joue dès la première impression
ISBN : 978-2-84899-040-8
192 pages – 13,90 €

Le grand art de la petite conversation
Debra Fine
Comment briser la glace dans toutes les occasions en disant toujours le bon mot au bon moment
ISBN : 978-2-84899-108-5
176 pages – 12,90 €

Le grand art des conversations difficiles
Debra Fine
Comment aborder et régler tous les sujets qui fâchent
ISBN : 978-2-84899-244-0
192 pages – 14,90 €